CHRISTINE DOHLER

Die weibliche Energie der Rauhnächte

GOLDMANN

Christine Dohler

DIE WEIBLICHE ENERGIE DER RAUHNÄCHTE

Eine magische Reise für Frauen

Die schönsten Impulse,
Rituale und Meditationen für
innere Einkehr und Reflexion

GOLDMANN

Die Inhalte ersetzen keine Therapie und keinen ärztlichen Rat.
Alle Empfehlungen in diesem Buch wurden von Autorin und vom Verlag sorgfältig erwogen und geprüft. Eine Garantie kann dennoch nicht übernommen werden. Eine Haftung der Autorin beziehungsweise des Verlags und seiner Beauftragten für Personen-, Sach- und Vermögensschäden ist daher ausgeschlossen.

MIX
Papier | Fördert
gute Waldnutzung
FSC® C004378
FSC
www.fsc.org

Penguin Random House Verlagsgruppe FSC® N001967

1. Auflage
Originalausgabe Oktober 2023

Illustrationen: Adobe Stock: 10 (Good Studio), 26 (Mana_works),
42 (Irina Strelnikova), 62 (marinadreams), 130 (Mary Long), 146 (Mary Long),
190 (kanvictory), 195 (zolotons), 200 (Béa), 228 (Pandagolik),
242 (topvectors), 251 (Rimma), 254 (Good Studio)
Istock: 82 (ONYXprj)
Shutterstock: 5 (Kumer Oksana), 10 (GoodStudio), 42 (Marish),
74 (Mary Long), 88 (Olly Kava), 96 (thanya), 98 (Bibadash), 114 (Mary Long),
160 (dodoit), 172 (Marish), 195 (Busy Lola), 202 (GoodStudio),
202 (GoodStudio), 212 (Marish), 233 (PawLoveArt), 240 (AKSAMIT)
Umschlag: Uno Werbeagentur, München
Umschlagmotiv: FinePic®, München
Redaktion: Ingrid Lenz-Aktaş
Satz: Satzwerk Huber, Germering
Druck und Bindung: PBtisk a.s., Příbram
Printed in Czech Republic
SC · CB
ISBN 978-3-442-22388-6

www.goldmann-verlag.de

Für alle Frauen, die ihre weibliche Weisheit und innere Stärke entdecken möchten.

Für dich.

Weil du bereit bist.

»Während der Rauhnächte heben sich die Schleier zum
Unsichtbaren. Du kannst in dieser Zeit in die Tiefe
deines Seins eintauchen, neue Perspektiven
einnehmen, Altes bewusst hinter dir lassen und
voller Energie in das kommende Jahr starten.

Sei offen für das Wunderbare und
lass dich verzaubern.«

Inhalt

Vorwort

Was bedeutet *weibliche Energie?*

Wir leben in Zeiten von großen Veränderungen, und das ist gut so. Wir haben die Chance, die Kraft der weiblichen Energie neu zu entdecken und in unser Leben zu integrieren. Das ist unglaublich stark!

Denn die Zeit ist nun reifer denn je dafür. Wir werden gebraucht, denn wir tragen so viel Weisheit in uns.

Alle reden von Frauenpower, doch diese Energie wahrhaft zu spüren, zu halten und zu leben, ist etwas noch anderes als sie mit Worten einzufordern. Und das wird als Ergänzung dringend gebraucht.

Wenn ich von weiblicher Energie schreibe, geht es nicht um eine Geschlechterzuordnung, denn alle Menschen tragen weibliche und männliche Energie in sich.

Beide Energien haben ihre ganz eigenen Qualitäten, die bestenfalls ausgeglichen sind und eine Einheit in uns bilden.

Ganz allgemein halte ich nichts von Zuschreibungen, denn in meinem Erleben ist alles immer individuell.

Viele sind stereotype und binäre Geschlechterrollen und -merkmale, die ignorieren, dass es individuelle Unterschiede und Variationen gibt. Ich bin immer für eine offene und ganzheitliche Perspektive.

Die weibliche Energie individuell zu entdecken, geht vor allem über das Fühlen, über Hingabe und Vertrauen. Sie drückt sich u. a. in Weisheit und Intuition aus. Die männliche Energie in dir entfaltet sich zum Beispiel über das Handeln. Etwas zu befruchten, das in die Welt kommen möchte, und dies zu leben und kontinuierlich zu verteidigen – nicht im Sinne von Kampf, sondern in einer selbstbewussten Selbstverständlichkeit. Wir brauchen beide Seiten in uns, sie sollten auf Augenhöhe und in Harmonie sein, damit wir aus der Einheit und jenseits aller Rollen leben können und unser volles Potenzial entfalten. Bis ich das für mich entdeckte, dauerte es eine ganze Weile. Ich dachte lange, Feminismus und Frauenpower zu leben, funktioniert, indem ich versuche, lauter zu sein, als ich von Natur aus bin. Ich dachte, ich müsste eine Führungsposition einnehmen oder komplett für mich allein sorgen, um zu beweisen, dass alles auch ohne Mann geht und ich stark bin. Ich dachte, ich müsste an Demos teilnehmen und Petitionen unterschreiben, um mehr Rechte zu erhalten. Aber das alles fühlte sich für mich noch nicht danach an, dass ich diese Frauenpower auch wirklich lebte und damit wirkte. Als ich den sanften und teilweise stillen Weg wählte, entdeckte ich dabei zufällig und zwanglos meine Stärke, weil ich dranblieb und mir selbst treu blieb.

Ich richtete meinen Blick zuerst konsequent auf mich und in meine innere Welt und startete an der Basis. Und vor allem: Ich richtete mich selbst im Inneren auf. Ich entdeckte, dass da in mir eine Frau war, die am Boden lag, sich kleinmachte und sich nicht traute, aufzustehen und gesehen zu werden. Aus Angst, verurteilt zu werden. Aus Angst, angegriffen zu werden. Aus Angst, zu vereinsamen. Aus dem Mangel, kein Vorbild zu haben. Aus dem Mangeldenken, nicht wertvoll zu sein. Aus Angst, andere zu verschrecken. Doch je mehr ich mit dem Herzen verstand, wie wichtig es ist, aufzustehen, und wie sicher es ist, die eigene Größe zu zeigen, gelang es mir immer mehr. Ich gehe jeden Tag einen Schritt weiter.

Außerdem entdeckte ich, dass ich das männliche Prinzip im Extrem lebte und das weibliche sehr oft vernachlässigte und sogar unterdrückte. Wow! Ich passte mich also an, indem ich mich selbst unter Druck setzte, über meine Grenzen ging und sehr im Außen war. Doch in den Extremen brennen wir aus oder kommen in eine Stagnation. Wenn ich mich zu sehr pushe und immer aktiv und in der Macherenergie bin, im Verstand, dann erschöpfe ich. Wenn ich allein mit meiner inneren Welt verbunden bin, ganz viel in mir entsteht, ich es aber nicht ins Leben bringe, dann bin ich nicht im Flow. Es gilt zu wissen, wann es Rückzug, wann es Aktion erfordert und wie wir uns durch Phasen bringen, in denen weder das eine noch das andere möglich ist.

Wenn wir über Energie reden, geht es auch darum, wo wir unser wertvolles Gut lassen oder wie wir uns auspowern. Wenn ich auf mein Leben schaue, dann habe ich viel zu viel Energie damit verschwendet, mich anzupassen, es anderen recht machen zu wollen, für sie etwas energetisch zu tragen oder ihre Probleme lösen zu mögen. Ich habe zu viel Energie mit Befürchtungen verschwendet, mit Gedankenkreisen und Gesprächen über Männer, die sich nicht richtig einlassen wollten.

Es kostet viele Frauen Kraft, Familie, Arbeit und sich selbst zu managen. Und für alleinstehende Frauen gibt es kaum eine Lobby oder soziale Unterstützung, sie müssen alles allein stemmen ohne Entlastungen. Noch immer werden wir auf unser Aussehen reduziert. Es kostet viel zu viel Kraft, wenn wir einer Norm entsprechen wollen.

Was mir oft fehlte, waren Vorbilder, an denen ich mich im Anderssein orientieren konnte. Bis ich erkannte, dass es das nicht geben kann, weil Neues entsteht.

Meine finale Motivation ist, das Vorbild zu sein, das ich in der Welt immer gesucht habe: die moderne, weise, selbstbewusste, feinfühlige, kreative Frau. Verbunden mit den Wurzeln und entschlossen im Herzen, ihren Weg zu gehen. Als Pionierin. Für alle anderen Frauen nach ihr, die sich inspiriert fühlen, auch anders oder besser gesagt: auf ihre ureigene Weise zu sein und ausgerichtet in die Zukunft zu gehen. Das Höchste und Beste zu leben, im Sinne aller anderen. Die eigene Schöpferkraft vollkommen zum Ausdruck zu bringen, indem ich mein Leben selbst erschaffe und immer wieder verändere, um der Welt mit jedem Atemzug zu zeigen: Die weibliche Energie ist die stärkste Kraft im Universum. Sie erschafft

Leben. Ohne dass der Verstand je greifen könnte, wie das geht. Allein aus der eigenen Weisheit und Intuition. Ein Kind kann man nicht in Gedanken formen. Ein Kunstwerk entsteht nicht aus Kontrolle.

Und Liebe ist kein Konzept.

Wir können uns in einer Liebesbeziehung mit dem Leben erschaffen. Und es gibt keinen Vergleich. Du bist auf deinem Weg, ich auf meinem. Wir alle haben dieselbe Richtung: Wir wollen aus unserer vollen Kraft schöpfen. Das bedeutet nicht, dass wir alle die Welt retten und unsere Jobs verlassen, um Coach oder Yogalehrerin zu werden. Nein! Es kann deine Bestimmung sein, genau in deiner Aufgabe zu wachsen, ob als Mutter, Lehrerin, Angestellte. Es kann deine Aufgabe sein, in diesem Leben nur dich zu retten. Und das wäre nicht egoistisch. Wir Frauen wirken im Sein. Das bedeutet, wenn wir wahrhaftig in unserer Stärke leben, sind wir angekommen.

Um die weibliche Kraft in allen Wesen auf sanfte Art zu stärken und mit der männlichen in eine harmonische Einheit zu führen und um die Zeit der Rauhnächte als besonders motivierenden und entspannten Transformationsweg zu nutzen, schreibe ich dieses Buch. Nicht als Ratgeber, sondern als Impulsgeber. Denn zu dieser Stärke gehört dazu, selbst zu entscheiden, was das Beste für dich ist. Wenn wir uns von Stereotypen und Verallgemeinerungen lösen wollen, dann sollten wir anders und befreiter leben. Dabei habe ich nicht Antworten auf alle Fragen. Aber du kannst sie für dich entdecken, wenn du dich mit dir selbst verbindest, vor allem mit deinem

Körper. Und dabei unterstütze ich dich sehr gern. Es geht darum, Eigenverantwortung zu übernehmen. Und es geht nicht nur um Wissen, sondern um Bewusstheit. Um den Weg zu finden, führt nichts an der eigenen Erfahrung und Intuition vorbei, die dich dahin lenkt, wo du dein volles Potenzial leben kannst. Und du brauchst etwas Mut. Du darfst der Beweis und das lebende Beispiel für weibliche Stärke sein. Und dein Weg wird so besonders und einzigartig sein wie du selbst!

Ab und zu höre ich, es sei egoistisch, sich so viel Zeit für sich selbst zu nehmen und sich mit sich selbst zu beschäftigen. Dann höre auch ich in mir Zweifel wie: Darf ich glücklich sein, wenn auf der Welt so viel Schlimmes passiert? Darf ich mir Zeit nehmen für in Relation gesehen eher Nebensächliches wie eine Auszeit, wenn ich immer gebraucht werde und die Welt vor unfassbaren Problemen wie Krieg und Klimakrise steht? Diese Zerrissenheit ist verständlich, aber dazu möchte ich etwas sagen: Es ist egoistischer, nicht die Verantwortung für das eigene Leben, den Energiehaushalt und für die ureigene Bestimmung zu übernehmen. Wir alle haben individuelle Fähigkeiten, mit denen wir die Welt bereichern und besser machen können (wenn wir wollen), und es ist wichtig, dass sich jede/r, die/der es irgendwie kann, die Zeit nimmt, herauszufinden, was die eigene Superkraft ist, um diese in die Welt zu bringen. Dafür muss man nicht unbedingt etwas machen, es reicht, diese Frau zu sein und diese Energie automatisch auszusenden. Und dann ganz natürlich im Alltag zu leben. Besonders

Kinder lernen von anderen, indem sie beobachten und fühlen. Um aber ganz bei uns zu sein und dies auch auszustrahlen, sollten wir erst zur Ruhe kommen. Im Dauerlauf findet uns keine Idee, und wir kommen nie an.

Bahnbrechende Erfolge, Erkenntnisse und Veränderungen sind oft entstanden, weil es ein Mensch anders gemacht hat, weil ein Mensch eine entscheidende Idee hatte, weil jemand auf die eigene Intuition gehört hat (auch in der Wissenschaft). Deswegen: Wenn deine Gabe für die Welt nur das Leben eines Menschen positiv beeinflusst, dann ist es wert, dass du deiner Leidenschaft und Freude gefolgt bist und weiter folgst. Dass du auf Eingebungen gehört hast. Dass du etwas anders und für dich gemacht hast. Dass du nicht blind dem Wahnsinn in der Welt gefolgt bist, sondern deiner ureigenen Wahrheit.

Das Buch ist als Einladung zu verstehen. Es gibt kein Richtig und es gibt kein Falsch. Manchmal wirst du dich in den Worten wiederfinden, ein anderes Mal nicht. Es ist okay. Es gibt nicht den einen Weg, sondern nur deinen. Und du wirst gesehen, geliebt und begleitet – was auch immer du aus deinem Herzen heraus tust. Wenn du es möchtest: Erlaube, dass sich alles zeigen darf. Und was für dich relevant ist, kannst du direkt oder aber auch entspannt im Verlauf des kommenden Jahres genauer anschauen. Im Anhang findest du auch weiterführende Literaturempfehlungen von mir zu den verschiedenen Aspekten.

Und bevor du nun tiefer eintauchst, und als Einstimmung und Vorbereitung auf diese Zeit, möchte ich dir noch ein wenig von mir und meinem bisherigen Weg und meinem Hintergrund erzählen, der mich geprägt hat: Ich bin als neugieriges, sensibles, fantasievolles und ruhiges Kind in einer Kleinstadt in Westfalen aufgewachsen – und habe mir viele der positiven Eigenschaften aus meiner Kindheit bewahrt: vor allem die Neugier und die Freude daran, die Welt zu erforschen und zu entdecken. Auch mein Gespür für die Natur, Tiere und das Übersinnliche war immer präsent.

Weil das Schreiben meine liebste Ausdrucksform ist und die Neugier immer noch lebendig in mir ist, wurde ich Journalistin. Schreiben, reisen und die Geschichten von Menschen sowie Orten zu sammeln, waren immer schon meine Leidenschaft. Ich habe sie mir bis jetzt erhalten und noch weiter aufgefächert. So schreibe ich mittlerweile mit viel Freude in Büchern über meine Erkenntnisse über das Leben und meine Reise zu mir selbst – ohne bereits alles selbst gemeistert zu haben, aber ich habe einen großen Erfahrungsschatz sammeln dürfen. Außerdem habe ich viele Workshops und Ausbildungen (u. a. als systemische Coachin, Meditationslehrerin, Yoga Nidra-Lehrerin) gemacht, um Wissen und Erfahrung im Bereich der Persönlichkeitsentwicklung und modernen Spiritualität zu bündeln und diese in eigenen Retreats, Zeremonien und Workshops weiterzugeben. Worüber ich schreibe, habe ich selbst ausgiebig erfahren sowie studiert und lebe ich im Alltag.

Ich habe schon unzählige Zeremonien, Workshops, Online-Kurse, Einzelcoachings und Retreats für Frauen gegeben (und biete diese auch weiterhin an) und durfte dabei die unglaubliche Stärke und Weisheit der weiblichen Energie erleben. Ich habe immer wieder gemerkt, wie wichtig es ist, sich mit anderen Frauen auf dieser tiefen Ebene zu verbinden und zu merken: Wir sind dort alle gleich, wir haben ähnliche Ängste und Herausforderungen in unserem Leben zu unterschiedlichen Zeitpunkten. Mir ist dabei auch bewusst geworden, wie viel Frauen tragen, vor allem auch für andere. So viel Verantwortung, Erschöpfung, Ohnmacht, so viel Schmerz, so viel Liebe und Hoffnung. In dem Feld der weiblichen Energie finden wir alles: tiefe Liebe und tiefes Leid.

Für uns gilt es zu verstehen, dass wir nicht allein sind und uns gegenseitig in diesem unsichtbar verwebten Netz stärken. Mal ist die eine ausgebrannt und am Ende ihrer Kräfte, während andere die Power spüren - und umgekehrt. Mal lehnen wir uns zurück, mal halten wir. Wichtig ist, und darum wird es in diesem Buch gehen, dass wir erkennen, dass wir Ressourcen haben, auf die wir uns verlassen und stützen können. Und manche davon sind nicht sichtbar. Eine Frau, die völlig angedockt ist - bei sich, dem Kreislauf des Lebens und den Kräften um uns -, verliert sich nicht in dieser Welt, egal wie heftig der Sturm auch ist. Und das brauchen wir.

Wie oft saß ich in Frauenrunden und hatte Gänsehaut - wegen der berührenden Geschichten dieser Frauen. Aber auch, weil ich die weibliche Energie in jeder Zelle und vor allem in meinem Unterbauch spüren durfte. Als ich das erste Mal einen umfassenden Zugang zu dieser Kraft fand, war ich tief berührt, voller Demut und Ehrfurcht. Und bis heute begleitet mich der feste Glaube daran, dass die weibliche Energie in ihrer vollen Entfaltung diese Welt ändern kann. Das wird dringend gebraucht, denn der Weltschmerz tut weh. Es schmerzt zu erleben, wie die Umwelt zerstört wird, jeden Tag so viele Tiere aussterben, Krieg, Kinderleid. Ich fühle es. Aber ich habe entschieden, dass es mich nicht ohnmächtig macht und belastet. Ich gehe nicht ins Leid und leide mit. Wütend bin ich, ja. Aber Wut ist eine wunderbare Kraft, die mich antreibt, etwas zu verändern. Ich entziehe mich den Problemen auf der Erde nicht, indem ich nur in der magischen Welt unterwegs bin oder mich woandershin wünsche. Das wäre ein destruktiver Schritt und depressiver Gedanke. Nein, es gibt so viel Wunderwunderschönes daran, hier und jetzt eine Frau zu sein und auf dieser Erde zu leben. So viel! Es ist ein Traum!

Ich bin privilegiert, weil ich in einem sicheren Land lebe, in dem ich als Frau frei sein kann und entscheide, wie ich leben und arbeiten will. Das ist leider noch nicht selbstverständlich. Gleichzeitig spüre ich ab und zu auch den Druck, etwas daraus zu machen. Es ist eine große Ehre, über die weibliche Energie schreiben zu dürfen. Ich nehme die Verantwortung (vor allem auch für die folgenden Generationen) an, in dem Wissen, dass es nicht perfekt ist, aber du kannst den Faden weiterspinnen, in deinem Umfeld.

Bevor ich über die Rauhnächte geschrieben habe und seitdem ich auch jedes Jahr eine Online-Reise anbiete, habe ich selbst einige Jahre diese besondere Zeit intensiv wahrnehmend und reflektierend verbracht. Dabei versuche ich immer, meinen eigenen Zugang zu finden und mich nicht allein einer Methode oder Technik zu verschreiben. Letztlich sind dies alles Brücken und Stützen auf demselben Weg, der in die Einheit mit dir selbst und allem anderen führt. Auch gehöre ich keiner Religion oder Glaubensrichtung an. Selbst wenn ich katholisch getauft bin, habe ich die Kirche als Institution verlassen, weil sie mich als Frau nicht anspricht. Aber ich habe einen tiefen Glauben in das Leben und etwas, das höher und weiser ist als ich selbst. Damit kreiere ich meinen eigenen Weg.

Während der Rauhnächte heben sich die Schleier zum Unsichtbaren. Du kannst in dieser Zeit in die Tiefe deines Seins eintauchen, neue Perspektiven einnehmen, Altes bewusst hinter dir lassen und voller Energie in das kommende Jahr starten. Sei offen für das Wunderbare und lass dich verzaubern.

Besonders wichtig ist mir zu betonen, dass du dir in dieser zauberhaften, wertvollen und einmaligen Zeit zwischen den Jahren auf keinen Fall selbst Druck machst, das Beste aus den Rauhnächten herauszuholen. Denn meine Erfahrung ist, dass wir uns schon oft genug bemühen, alles perfekt zu machen und alle unsere Rollen als Mutter, Freundin, Partnerin, Kollegin, Unternehmerin zu erfüllen. Ich ertappe mich jedenfalls immer selbst dabei und sage mir dann: Du gibst dein Bestes. Das darf reichen.

Es geht von Anfang an um das Vertrauen, dass sich genau das Passende für dich zeigen, öffnen, schließen, entwickeln wird. Das steht schon jetzt fest, alles andere ergibt sich von selbst aus deiner Ausrichtung. Weniger ist oft mehr! Tiefe entsteht durch Fokus und Dranbleiben. Das Einzige, was du tun darfst, ist, dich für die Erfahrung mit spielerischer Neugier und Empathie dir selbst gegenüber zu öffnen und eine innere Bereitschaft zu haben, dir ein wenig mehr Zeit für dich zu nehmen und mit allen Sinnen wahrzunehmen. Wechsele vom Tun ins Sein. Vom Außen ins Innere, um dann wieder entspannt ins Außen zu gehen. Das ist schon alles. Einfach nur erlauben, dass mehr Ruhe und auch ein Funken Magie in dein Leben kommen darf.

Du kannst diese Zeit allein verbringen oder im Kreise vieler Menschen. Es spielt keine Rolle – bitte nimm dir nur ein bisschen mehr Zeit als sonst, was ganz einfach ist, wenn du auf passiven Konsum in Form von Social Media, viel Fernsehen oder einen Teil der Verpflichtungen des Alltags verzichtest. Lass gern locker.

Dieses Buch ist nicht zur Selbstoptimierung gedacht, sondern als sanfte Impulsgeberin. Du entscheidest, was dich inspiriert und zur Ruhe bringt. Rituale, Meditationen, Journaling sind alles so wunderschöne Arten, um mit dir in Kontakt zu kommen und unverhofft einen magischen Moment zu erleben oder erstaunliche Einsichten zu bekommen. Das kann im besten Sinne süchtig machen, wenn wir unseren Zugang erst einmal gefunden haben. Deswegen ist das Angebot in diesem Buch so groß und verschieden. Suche dir deins raus. Es kann sehr simpel sein. Und wenn es nur ein Impuls ist, der dich zu einer

Selbsterkenntnis führt oder dich in eine nie erfahrene Ruhe bringt, dann würde mich das schon sehr freuen.

Erlaube dir fürs Erste, eine neue Erfahrung zu machen und dich für die Magie des Lebens zu öffnen. Alles ist bereits in dir. Du darfst es nun erkennen und erfahren. Wie wunderschön!

Sämtliche Impulse, Meditationen und Rituale sind für dich nur Brücken dorthin, wo du dir selbst in deiner eigenen Wahrheit und vollen Stärke begegnen kannst. Sie sollen deine inneren Räume öffnen und dir neue Erfahrungshorizonte schenken – und nicht mehr Enge und Druck erzeugen. Ein Ritual kann ganz einfach sein und dennoch voller Sinnlichkeit und Bedeutung wie etwa: auf dem Sofa chillen und den Raum bewusst für einen Tagtraum öffnen, damit du dich frei, leicht und inspiriert fühlst.

Was für ein Privileg und Geschenk, diese spannende Reise machen zu können. Und ich verspreche dir, dass du einiges für deinen Alltag mitnehmen kannst. Die Rauhnächte sind der Auftakt für ein bewussteres, intuitiveres und gelasseneres Leben.

Und vielleicht wird es Momente geben, die für dich emotional herausfordernd sind. Da möchte ich dir zurufen: Du bist nicht allein! Niemals! Teile dich mit, hole dir Unterstützung.

Ich gehe an deiner Seite – und alle anderen, die sich in das Unbekannte wagen und damit den Raum der Möglichkeiten unendlich weit öffnen. Sei dir bewusst: Irgendwo auf der Welt geht jemand auch gerade durch ein tiefes Tal oder hat den Gipfel erstürmt. Und wir gehen alle in dieselbe Richtung: nach Hause.

Ich wünsche dir vor allem anderen viel Freude bei jedem einzelnen Schritt! Du wirst dich im Gehen finden.

Deine Christine

Kapitel 1

Einstimmung auf die *Rauhnächte*

Wenn es eine Zeit im Jahr gibt, in der wir uns und unser Leben verzaubern können, dann sind dies die Rauhnächte vom 1. Weihnachtstag bis zum Dreikönigstag am 6. Januar. Immer mehr Menschen entdecken die magische Kraft: Sie führen Traumtagebücher, zelebrieren kleine Rituale und versuchen, diese transformative Zeit bewusst für die innere Einkehr zu reservieren. Und sie gehen damit in die besinnliche Verlängerung nach den Weihnachtsfeiertagen.

Die Rauhnächte gelten auch als eine Zeit, in der die Grenzen zwischen der Welt der Menschen und der Welt des Übersinnlichen verschwimmen. Es wird geglaubt, dass (unsichtbare) Wesen aus anderen Dimensionen in die Welt der Menschen eintreten können. Ob das so ist, kannst du nur selbst herausfinden.

Wie kam es dazu, dass die Rauhnächte entstanden sind? Vermutlich ist der germanische Mondkalender dafür verantwortlich, der ein Jahr mit zwölf Mondmonaten und 354 Tagen veranschlagt. Die zum heutigen Sonnenkalender fehlenden elf Tage – oder zwölf Nächte – wurden außerhalb der Zeit angesehen. Es war also fast so, als existierten sie gar nicht. Der Ursprung des Wortes ist nicht genau geklärt. »Rauh« könnte aber naheliegend auf das mittelhochdeutsche Wort »rouch« (Rauch) zurückgehen, denn eines der Rituale, die auch heute gern während dieser Zeit praktiziert werden, ist das Räuchern der eigenen Umgebung mit Kräutern, Hölzern oder Harzen.

Die Ursprünge der Rauhnächte sind vielfältig und reichen bis in vorchristliche Zeiten zurück. In vielen Kulturen und Regionen Europas gibt es verschiedene Bräuche und Rituale, die mit den Rauhnächten verbunden sind. In einigen Gegenden wird zum Beispiel geräuchert, um böse Geister zu vertreiben und das Haus für das neue Jahr zu reinigen. In anderen Regionen werden Prozessionen abgehalten, bei denen Menschen mit Furcht einflößenden Masken durch die Straßen ziehen, um die bösen Geister zu vertreiben. Zu den bekanntesten Figuren, die mit den Rauhnächten verbunden sind, gehören die sogenannten Perchten. Diese Gestalten sind in vielen Regionen Europas, insbesondere in den Alpenländern, bekannt und werden oft als dämonische, maskierte Figuren mit gruseligen Masken und Fellgewändern dargestellt. Die Rauhnächte wurden auch mit Orakeln und Weissagungen in Verbindung gebracht. Die Menschen wollten Einblicke in die Zukunft erhalten und das Schicksal günstig beeinflussen.

Die Rauhnächte der Moderne sind aber nicht von Angst und Aberglauben geprägt, sondern von Mystik und spiritueller Tiefe. Sie sind nicht dunkel, auch wenn zwischendurch Schatten aus der Vergangenheit sichtbar sind, sondern voller Leichtigkeit und dem guten Gefühl, Zeit für das zu haben, was dir wichtig ist. Und dies soll bei diesem Buch im Vordergrund stehen: die Freude auf das neue Jahr und der Spaß, neue Facetten an sich zu entdecken. Ab dem 21.12., der dunkelsten Nacht des Jahres, wird das Licht wiedergeboren, und es wird ab dann jeden Tag heller. Diese Energie dürfen wir uns als Schubkraft nehmen.

Viele Menschen nutzen diese Zeit, um sich mit sich selbst und ihrer inneren Welt auseinanderzusetzen, um zu meditieren, zu reflektieren und ihre Wünsche und Ziele für das kommende Jahr zu formulieren. Meine Erfahrung ist, dass in den Rauhnächten Träume und Visionen besonders intensiv sind und wichtige Botschaften übermittelt werden können. Das Schicksal, das haben wir aber zu einem großen Teil selbst in der Hand, und die Zukunft ist auch veränderbar.

Übergänge bewusst erleben

Die Zeit des Jahreswechsels ist besonders geeignet, weil sie einen Übergang markiert. Und Übergänge im Leben bewusst zu erleben, ist sehr wichtig, denn es schafft eine Tiefe und lässt uns die Erfahrung machen: Wir haben die

Kraft, uns immer wieder neu auszurichten. Zwischen den Jahren können wir das Alte abschließen und Neues beginnen. Wem der Bezug neu ist, dem hilft vielleicht dieses Bild: Die Rauhnächte sind beinahe wie die kleine Pause der Stille zwischen zwei Atemzügen, nur eben viel ausgedehnter. Die gesamte Zeitspanne bewusst zu erleben, kann deshalb etwas sehr Bereicherndes haben. Die meisten von uns können sich freinehmen, haben mehr Zeit für sich oder um mit den Liebsten zusammenzukommen. Auf jeden Fall ist es dann deutlich einfacher, mal nicht erreichbar und offline zu sein. Diese besonderen Nächte sind die Gelegenheit, aus dem Rahmen des Gewohnten zu fallen oder sich dem zu widmen, was das Jahr über zu kurz kam.

Was in uns spukt

Vor vielen Jahrhunderten wurden die Ställe und das Haus ausgeräuchert, um böse Geister zu vertreiben. Heute würde man diese Störenfriede wohl negative Gedanken, Stress oder Probleme nennen. Eben die Geister, die uns im Alltag verfolgen. Es galt auch, jegliche Hausarbeit zu vermeiden, da sich nur das Rad des Schicksals drehen sollte. So durfte während der Rauhnächte nicht gesponnen werden. Allein die Nornen, also die Schicksalsgöttinnen in der nordischen Mythologie, arbeiteten in dieser Zeit. Sie spannen den Lebensfaden für jeden Menschen. Alle anderen Räder hatten stillzustehen.

Damals war es auch Brauch, während dieser Tage keine Wäsche zu waschen und draußen aufzuhängen, weil sich Geister darin verfangen könnten. Sogar das Backen war zwischen den Jahren verboten. In der Folge entstanden lang haltbare Backwaren wie Stollen oder Plätzchen. Bei der Wiederbelebung eines Brauchs wie dem der Rauhnächte geht es nicht darum, alten Aberglauben weiterzuspinnen, sondern seinen höheren Zweck in eine zeitgemäße Sprache zu verwandeln. Heute sind wir nicht von Aberglauben gesteuert. Ganz im Gegenteil: Die Rauhnächte, im modernen Verständnis, erinnern daran, dass wir das Schicksal in unseren eigenen Händen halten und kein Opfer von äußeren Umständen sind. Das ist wichtig von Anfang an zu betonen: Sämtliche Symbole und Zeichen, die uns begegnen in der Zeit, sind neutral, wir geben ihnen ihre Bedeutung, indem wir festlegen, dass eine schwarze Katze Unglück bringt und ein schwarzer Schornsteinfeger Glück. Das ist reine Interpretation.

So wie Orakelkarten niemals gut oder schlecht sind, sie haben einfach eine bestimmte Bedeutung, die sich für jeden anders darstellt.

Und Magie passiert uns nicht einfach, sie wirkt mit uns zusammen, wie wir uns ausrichten, wie wir dem Leben gegenübertreten. Wir können nichts manipulieren, schon gar nicht für andere. Aber wir können uns positiv ausrichten und von Altlasten befreien, um alle Möglichkeiten für uns zu erkennen und zu leben. Auf jeden Fall können wir uns entscheiden, dass der Alltag und die

Herausforderungen uns nicht in permanentem Stress und Sorgen gefangen halten. Und die Rauhnächte sind der passende Auftakt, um die Weichen in eine entspanntere und erfülltere Zukunft zu lenken, aus der Gegenwart heraus. Und wenn Räder während der Rauhnächte stillstehen sollen, dann sind das sicherlich auch Fahrzeuge wie Autos, aber vor allem in der modernen Übersetzung das Hamsterrad lästiger Alltagsverpflichtungen, das uns im Klein-Klein festhält und den Blick aufs Wesentliche versperrt.

Wie könnten wir also das Spinnen von Fäden für uns in die Neuzeit übertragen?

Für viele geht es darum, in dieser Phase die vielen losen Gedanken zu verbinden, die wir das Jahr über so hatten. Wenn es stiller wird, haben wir die Chance, sie zu ordnen und uns die Frage zu stellen: Was war, und was soll kommen? Und was darf sich uns während der Rauhnächte zeigen?

Die Rauhnächte erinnern uns zudem an den Jahreszyklus und damit an den Zyklus des Lebens. Besonders die weibliche Energie ist zyklisch und zeigt uns, dass wir nicht jeden Tag gleich sind und linear funktionieren. Wir leben nach Phasen – in der Natur und in unserer Natur. Das bedeutet, dass es zum Leben dazugehört, dass etwas vergeht und wieder Neues entsteht, dass wir mal mehr und mal weniger Energie haben, dass wir unterschiedlich fühlen, dass wir uns fortlaufend verändern, dass es ein Geben und Nehmen gibt und alles immer wiederkehrt. Hilfreich und entlastend ist, wenn wir wissen, wie wir uns selbst durch die Phasen des Lebens begleiten – denn die Gesellschaft gibt uns hierfür nur wenig Raum und Rituale.

Die mystische Frau der Rauhnächte

Frau Holle ist mehr als die Märchengestalt, die Betten ausschüttelt, und dann schneit es auf der Welt. Wir alle wissen, wer sie ist, aber kennen wir die mystische Bedeutung wirklich?

Sie ist die dominante weibliche Kraft während der Rauhnächte, die vor allem in den Regionen Norddeutschlands und Hessens bekannt ist. Der 6. Januar, also das Ende der Rauhnächte, wird auch als Tag der Frau Holle bezeichnet.

Sie wird in den Abbildungen, die wir von ihr kennen, vor allem als eine weise, alte Frau mit weißem Haar und einem langen, weißen Kleid dargestellt, aber es gibt auch Darstellungen von ihr während der anderen Jahreszeiten in entsprechend jüngeren Versionen. Wenn wir sie von der Märchenfigur ablösen, entfaltet sie noch mehr Facetten des Frauseins.

So symbolisiert Frau Holle auch unsere Entwicklungen als Frau im Zyklus eines Lebens. Während des Winters zeigt sie ihre weiseste Seite – ein gutes Indiz dafür, dass nun die Zeit reif ist, in die eigene Weisheit zu finden. Dabei werden auch ihre zahlreichen Tugenden, für die sie steht, deutlich:

- **Als weise Frau:** Sie verkörpert Geduld und Güte. In dieser Gestalt wird sie oft als Beschützerin von Menschen und Tieren angesehen – hier zeigt sich auch ein universell mütterlicher und mitfühlender Aspekt.
- **Als junge Frau:** In dieser Gestalt symbolisiert sie Fruchtbarkeit. Aber auch Reifung im Sinne von Wachstum. Und Schönheit im Sinne von Anmut.
- **Als wilde Frau:** In einigen Überlieferungen wird Frau Holle als eine wilde, unberechenbare Gestalt beschrieben. Sie verkörpert die Kraft und Energie der Natur und wird oft mit Stürmen und anderen Wetterphänomenen in Verbindung gebracht. Das kann die furchterregende Seite sein – zeigt aber auch, wie gefürchtet die unkontrollierte und ungezähmte Kraft einer nicht angepassten und völlig verbundenen Frau ist.

Die Interpretation ihres Seins ist regional verschieden überliefert. Frau Holle verkörpert oft eine Dualität von Freundlichkeit und Strenge. Von Leben und Tod. Aber sie vereint alles in sich. Und mit ihr wird die Natur verbunden, auch dass sie eine Urgöttin, die Mutter Erde, symbolisiert – jenseits der Einteilung in gut und schlecht und des Bestrafungsmodus in dem Märchen.

Wenn du das Märchen der Gebrüder Grimm gelesen hast: Welchen Bezug hast du zu Frau Holle? Welcher Aspekt ihrer Weiblichkeit spricht dich gerade besonders an?

Mythen und Märchen sind so zauberhaft wegen ihrer symbolischen Sprache, die auch in den Rauhnächten präsent ist. Sie bilden ein wichtiges kulturelles Gut, in dem Weisheiten enthalten sind, die Jahrhunderte überdauert haben und uns immer noch verzaubern können. Wenn die Tage kürzer werden, kamen Familien seit jeher zum Erzählen zusammen, deshalb sind die Rauhnächte eine wundervolle Zeit, um alte und neue Märchen zu entdecken. Auch wenn die Geschichten meist ausgedacht sind, stecken sie doch voller Wahrheiten und haben wie Träume eine tiefere symbolische Bedeutung. Oft geht es um Held:innenreisen – also darum, dass ein Mensch aus seinen gewohnten Umständen ausbricht, sich Prüfungen stellt, neue Menschen und allerlei Fabelwesen trifft, sich selbst neu entdeckt und mit Erfahrungen bereichert zurückkehrt. Märchen sind Geschichten vom gelingenden Leben. Die alten Märchen sind in der Regel mündlich überliefert, und die Handlung ist kurz und knapp, weil die Geschichten auf das Wesentliche fokussiert sind. Auffällig ist auch, dass Personen oder Orte nicht sehr detailreich beschrieben werden, damit viel Raum für die Fantasie bleibt. Darüber hinaus sind die normale und die magische Welt wie selbstverständlich eins; Tiere können sprechen, es wird verzaubert, und es gibt Fabelwesen. Die positive Wirkung von Geschichten besteht darin, dass sie oft ein gutes Ende haben. Nicht immer ist es das, was der Held oder die Heldin sich gewünscht hat, aber das Leben gelingt auf wunderbare Art und Weise, es gibt unerwartete Lösungen und Unterstützung von anderen. In der Welt der Märchen ist alles möglich – eine wunderbare Perspektive.

Vorbilder weiblicher Kraft

Wenn wir über weibliche Kraft allgemein sprechen, dann schwingt die Frage mit: Wo sind unsere Vorbilder? Überall! Ich habe immer auf meinen Reisen in der ganzen Welt wunderbare Frauen im Alltag getroffen. Es war dieser Typ Frauen jeden Alters, die man nicht vergisst. Vielleicht kennst du auch solche Begegnungen? Ich könnte jetzt ins Erzählen abschweifen, denn ich habe so unendlich viele tolle Frauen getroffen. Nachhaltig beeindruckt haben mich diejenigen, die für mich all das selbstverständlich integriert haben und leben, was ich mir erst ins Bewusstsein rufen und auch erlernen durfte: einfach leben und in einem so selbstverständlichen Sein verweilen, dass da nicht mehr so viele Fragezeichen sind.

Ich werde oft gefragt, warum (immer noch) viele Männer als spirituelle Lehrer präsent sind. Das liegt einerseits daran, dass sich viele Frauen nicht sicher dabei fühlen, sich in ihrer Spiritualität zu zeigen. Oder daran, dass sie in Demut (nicht falscher Bescheidenheit) leben. Ich erinnere mich an eine Zen-Lehrerin auf Hawaii, die sich selbst als Gärtnerin bezeichnete und ganz im Gegensatz zu so manchen männlichen Gurus nur ihre Weisheit teilte, wenn sie auch wirklich gefragt wurde - oder auf subtile Art. In meinem ersten Buch »Am Ende der Sehnsucht wartet die Freiheit«[1] habe ich ein ganzes Kapitel über diese Frau geschrieben, bei der ich eine Zeit lebte, als ich an dem Buch schrieb. Und auf meinem Schreibtisch steht immer noch die Karte, die sie mir in einem passenden

Moment unter der Tür durchschob, mit diesem Satz: »Erleuchtung kannst du nur im Alltag finden.« Das war für mich u. a. deshalb eine so wichtige Erfahrung, weil andere Lehrer mir zuvor immer gesagt hatten, dass ich ganz viel meditieren sollte und dass ein spiritueller Weg für eine Frau im Alltag schwer sei. So ein Quatsch!

In meiner Zeit in einem Kloster in Nepal habe ich auch erlebt, dass die Nonnen weniger Privilegien als die Männer hatten. Und ein Zen-Kloster kann auch patriarchisch und hierarchisch aufgebaut sein. Unterdrückung ist durchaus auch in spirituellen Umfeldern möglich.

Wir Frauen können aber auch ohne Kloster, Religion und Lehrer tief in die Spiritualität bzw. in ihre Weisheit eintauchen. Der Alltag und wir selbst sind unsere Lehrerin. Eckhart Tolle schreibt sogar in seinem Buch »Jetzt! Die Kraft der Gegenwart«, dass Frauen der »Erleuchtung« näher seien, u. a. weil es ihnen leichter falle, im Körper zu sein und ihn zu fühlen.[2]

Für mich ist immer das Leben der Maßstab. Und ich renne auch nicht einer Erleuchtung, sondern eher einer Bewusstheit hinterher. Man kann durch Kleidung, Schmuck und Tattoos spirituell aussehen, 100 Kristalle besitzen oder sich einer Religion verschreiben – aber trotzdem nicht in Frieden mit sich, gierig oder verirrt sein.

Mittlerweile gibt es auch für viele Lebensthemen Coaching-Angebote, Online-Kurse und Programme – was ich toll finde. Eins möchte ich dir aber dazu sagen: Denke immer mit und entscheide für dich selbst. Schau dir genau an, wer dir das Wissen vermittelt, und lass dich nicht von Äußerlichkeiten blenden: Nur weil jemand spirituell aussieht, muss das lange nicht so sein. Niemand ist besser als du, höchstens erfahrener, deswegen suchst du nach Inspiration und Unterstützung. Wichtig ist, dass das Wissen und die Erfahrung aus dem Bereich integriert sind (das ist die wahre Kunst!). Passen die Worte zu dem, wie dieser Mensch wirklich lebt und handelt? Kannst du vertrauen, dass du dort gut aufgehoben bist? Wirst du dazu ermutigt, deinen eigenen Weg zu gehen? Fühlst du dich nicht unter Druck, immer weitere Angebote in Anspruch zu nehmen? Und ganz wichtig: Entsteht eine Abhängigkeit? Das sollte nicht so sein! Wisse: Die Zeit der Gurus ist vorbei. Sie sind alle auch nur Menschen, und zu sehr bewundert zu werden bekommt dem Ego nicht. Wir lernen auf Augenhöhe. Es ist eben nur so, dass andere in bestimmten Bereichen schon erfahrener sind.

Ich bilde mich laufend weiter und lerne dazu, aber es ist für mich immer sehr wichtig, dass ich eigenständig bleibe und mir das an Wissen und Ideen aneigne, was zu mir passt, und dass ich mit den Methoden und Übungen auch dauerhaft allein weiterkomme, dass sie also nachhaltig sind. Ein Beispiel: Wenn ich ein Finanzcoaching mache, dann möchte ich nicht, dass mir jemand sagt, wie ich mein Geld investieren sollte, sondern ich möchte fundierte Infos zu meinen Möglichkeiten, damit ich selbst entscheiden kann, was jetzt zu mir passt und wie ich alles immer wieder meiner Lebenslage entsprechend anpasse.

Niemand hat die ultimative Lösung, den Wunderweg oder das beste Coaching für sich gepachtet. Viele haben eine bestimmte Agenda. Es geht darum, dass jede für sich ihren ganz eigenen Weg geht – inspiriert von Menschen, die schon ein paar Schritte weiter sind und etwas für sich glaubhaft umgesetzt haben. Bleibe deine eigene Lehrerin. Erkenne, dass du dich selbst nach vorne bringst.

Und dann gibt es bestimmte Themen wie etwa traumatische Erfahrungen, schwere Depressionen oder Suchterkrankungen, bei denen Online-Kurse oder Gruppen in Social-Media-Netzwerken nur bedingt bis gar nicht weiterhelfen. Es ist besser, sich an professionelle Unterstützung zu wenden und sich nicht von anderen im Chat beraten oder gar »heilen« zu lassen. Nimm dir die Zeit, zu erforschen, was für dich stimmig ist. Und wenn es eilig ist oder ein seelischer Notfall, dann hole dir direkt Unterstützung.[3]

Wir sind alle spirituell bzw. weise und verbunden. Es ist unser freier Wille, es auch zu leben. Auf unsere ganz eigene Art. Das ist für mich Magie. Für mich ist es die Neugier, das Übersinnliche und Mystische zu ergründen und zu vertiefen, indem ich die Welt um mich herum sehr fein wahrnehme und mir erlaube, jeden Tag das Magische zu sehen und zu erleben.

In verschiedenen Glaubensrichtungen werden Göttinnen, mystische Frauenfiguren und Heilige als übersinnliche Wesen verehrt, und ich finde, es ist ganz wunderbar, die Energie dieser stolzen und anmutigen Vorbilder während dieser besonderen Nächte anzuerkennen – und uns ihrer Würde und besonderen Fähigkeiten wie Barmherzigkeit oder bedingungslosem Mitgefühl bewusst zu werden. Sie wollen uns nichts verkaufen, sind nicht auf der Welt mit ihrer Menschlichkeit verstrickt, sondern wollen etwas aus absoluter Reinheit vermitteln, was wir auch ohne Worte weltweit verstehen können. Dabei geht es nicht darum, wie Maria Magdalena, Isis, Brigid, Hathor oder Freya dargestellt oder beschrieben werden. Es geht immer darum, wie du sie als Energie fühlst und wahrnimmst. Sie zeigen sich jedem Menschen von der Seite, die gebraucht wird, auf die Art, die man selbst versteht. Auch durch die Natur, durch bestimmte Ereignisse, über Kunst, Gefühle, innere Bilder. Und dafür sind die Rauhnächte wundervoll, denn wir wollen ja mit allen Sinnen wahrnehmen und uns für das Unsichtbare öffnen.

Diese Göttinnen oder mystischen Frauen symbolisieren Weiblichkeit in verschiedenen Kulturen und mit unterschiedlichen Schwerpunkten – und letztlich geht es immer darum, dass wir diese Tugenden auch in uns erkennen und weiter ausbauen. Denn ohne Werte wie Wahrhaftigkeit können wir nicht wachsen und in unser volles Potenzial gehen. Es sind quasi Mentorinnen, die Meilensteine gesetzt haben, die uns die Welt immer tiefer und wahrhaftiger erfahren lassen. Deshalb kann das Böse auch nie über das Gute siegen – das Gute ist immer weiser.

Das kann jede von uns! Denn in jeder von uns steckt das Göttliche, und wir sind demnach alle Göttinnen und gehören gekrönt, verehrt und respektiert. Damit kommt unsere Eigenverantwortung ins Spiel, dieses auch zu leben, indem wir unsere Verbindung zur Quelle stärken, Intuition kultivieren, Schattenarbeit machen und das göttliche Sein in unser tägliches Leben integrieren. Damit wir die Welt mit unserer Würde und Weisheit berühren und transformieren und ein höheres Bewusstsein verbreiten.

Falls du ein Vorbild unter den Göttinnen bzw. mystischen Frauen der Geschichte hast, lass sie während der Rauhnächte für dich präsent sein oder lade sie ein. Vielleicht begegnet dir auch ein Tier oder anderes Wesen während der Zeit (über Orakelkarten oder andere Wege). Dann fühle, was dies für dich bedeuten könnte. Oder suche dir intuitiv eine Begleiterin aus, die aktuell für dich bestärkend sein könnte. Du kannst auch einfach über die Tugenden und Aspekte meditieren, für die sie stehen, wie Mitgefühl, Mut, Weisheit und Güte – und diese nun nach und nach auch in dein Wesen integrieren.

In jedem Rauhnacht-Kapitel findest du auch einen Text, der aus der gesammelten Weisheit der weiblichen Kraft spricht. Es können auch Pflanzen und Tiere wie die Rose und die Schlange kraftvolle Symbole für wichtige (weibliche) Energien sein: die Anmut der Rose und die Energie der Schlange. Ich teile ihre Magie mit dir während der Rauhnächte.

Kapitel 2

Rituale während der *Rauhnächte*

Sie sind es, die uns im Leben Halt geben und uns unterstützen, wenn wir bewusste Routinen in unseren Alltag bringen möchten: Rituale. Damit sind bewusst wiederkehrende Handlungen gemeint, die uns stärken und nähren, die uns unterstützen, für uns selbst zu sorgen, positive Gefühle abzurufen und in einem sicheren Rahmen neue Erfahrungen zu machen. In einem Ritual können wir uns ausrichten und in einem sicheren Raum in Kontakt mit uns selbst kommen.

Es kann wenige Sekunden dauern, wenn ich mir am Morgen gleich im Inneren das Gefühl von Dankbarkeit abrufe und so schon ein bisschen gelassener und zufriedener in den Tag starte. Ich sage und spüre dann, wofür ich dankbar bin – egal, was sonst noch ist. Ein Ritual kann aber auch lang und intensiv sein – etwa eine Meditationsreise oder eine Bewegungseinheit. Und wenn wir diese gemeinsam mit anderen erleben, sprechen wir von einer Zeremonie – etwa bei einer Kakao- oder Teezeremonie, bei der wir gemeinsam Achtsamkeit und Bewusstheit erfahren wollen. Das Thema ist so wundervoll und trägt sehr viele Aspekte in sich.

Rituale sind in unserer komplexen und oftmals chaotischen Zeit wichtiger denn je. Denn sie stiften Sinn und verbinden uns mit anderen. Sie geben Halt und Struktur. Und sie machen das Göttliche erfahrbar, das letztlich auch ein Teil von uns selbst ist. Wenn du noch tiefer einsteigen magst: Darüber habe ich ausführlich in meinem Buch »Rituale. Wie sie uns im Leben stärken«[4] geschrieben.

Verbindung schaffen

Viele Menschen in unserer westlichen Welt besitzen heute sehr viel, wir leben länger, Maschinen nehmen uns einen Teil der Arbeit ab, und wir müssen unser Gemüse nicht mehr selbst anbauen. Wir können sehr viel müheloser konsumieren und brauchen noch nicht einmal eine Familie für das Überleben, wenn wir lieber allein durchs Leben gehen möchten. Doch all das hat einen Preis, der uns erst langsam bewusst wird: die Trennung von der Natur, von den Mitmenschen und letztlich von uns selbst. Überforderung und Reizüberflutung. Die innere Leere, die sich anscheinend durch nichts von außen füllen lässt, das Grübeln, die leblose Energie, die wir in Form von Industrienahrung oder jeglicher Form von passivem Konsum zu uns nehmen, um uns immer weiter zu pushen oder zu beruhigen. Wenn wir ganz ehrlich sind, sind wir zwar aufgeklärt und haben uns von vielen Dogmen befreit. Doch vieles auf der Welt ist für uns weiterhin unerklärlich, was es auch mystisch macht, hier zu leben und zu sein. Was wissen wir eigentlich? Und was wären wir ohne die Sinnsuche, ohne den Wunsch, das Leben zu verstehen, wenn wir es dann doch nicht greifen können?

Und so erleben die Rauhnächte sicher auch deshalb ein Revival, weil sie uns eine Anleitung bieten, unser System einmal bewusst herunterzufahren, um es dann mit der Kraft von Ritualen und Besinnung wieder hochzufahren. Fragen können dabei sein: Was ist (mir) wirklich wichtig? Worum geht es in der Tiefe? Wofür bin ich dankbar? Und: Wie kann ich mehr Magie in Form von Freude und Leichtigkeit in meinen Alltag bringen, damit jeder Tag zauberhaft ist?

Die Brücke zu den Vorfahren

Die Rituale, die uns geblieben sind, spielen sich zum Beispiel in der Silvesternacht ab: Bleigießen und Böllern. Auch wenn es bei uns heute anders aussieht und wir alles einfach im Supermarkt kaufen, geht es im Grunde noch um dasselbe: Das Krachen soll das vergangene Jahr vertreiben, das lichtvolle Feuerwerk begrüßt das neue. Der Schattenwurf des geformten Bleis soll (möglichst) Glück für das kommende Jahr vorhersagen.

Einige Rauhnacht-Rituale gingen verloren, weil sie aus heutiger Sicht zu kurios sind. Zum Beispiel, dass man eine ganze Hagebutte schlucken sollte, weil das Glück bringe. Oder die Vorstellung, dass die Tiere zu dieser Zeit sprechen können. Doch schaut man nach dem tieferen Sinn, ging es vielleicht eher darum, mehr zu lauschen und in Kontakt mit den Wesen um uns herum zu treten?

Je größer die Herausforderungen des Alltags sind, umso mehr wächst in vielen von uns die Sehnsucht nach Sicherheit, Verbundenheit und Zuversicht. Und wir können das stärkende Band spüren, das uns mit unseren Vorfahren verbindet. Auch wenn wir uns dessen selten bewusst sind, ist dieses Erbe doch Teil unseres Alltags. So ist der Wochentag Freitag nach der germanischen Göttin Frija (oder Freya) benannt. Diese Dinge müssen wir nicht alle wissen, wir dürfen sie aber spüren.

Wenn wir unsere persönliche Version der Rituale finden, dann bleiben wir mit unseren Wurzeln verbunden. Die Rauhnächte eignen sich deshalb gut dafür, Altes mit Neuem zu verbinden, auch im eigenen Leben: Die Versöhnung mit der Vergangenheit und die Kraft unserer Erfahrungen können uns Freiheit für die Zukunft schenken. Wir entwickeln uns als Menschheit laufend weiter, und deswegen ist es nur natürlich, wenn Traditionen immer wieder hinterfragt und angepasst werden.

Rituale während der Rauhnächte

Täglich wiederkehrende Rituale sind ein wesentlicher Bestandteil der Rauhnacht-Reise und eine wunderbare Gelegenheit, die Kraft der bewussten Rituale zu erleben, um diese später beizubehalten, zum Beispiel für einen bewussten Start in den Tag oder einen Abschluss am Ende. Oder für eine Pause mittendrin.

Es ist nicht entscheidend, wann wir genau ein Ritual machen. Viel wichtiger ist, dass wir es tun. Und die Dauer sagt auch nichts über die Qualität aus.

Du bist frei, zu entscheiden, welche Rituale du gern während der Rauhnächte jeden Tag für dich machen möchtest – sozusagen als Basis. Dazu wird es für jede Rauhnacht von mir weitere Ideen für Rituale oder Übungen geben, die sich auf einen Aspekt beziehen (u. a. »Ruhe finden«). Diese sind zum Ausprobieren und können dich auch inspirieren, wie du deinen Alltag bewusster und intuitiver leben kannst.

Die Rituale für die Rauhnächte, die ich dir gern vorschlagen würde, sind inspiriert von der Tradition, aber auch so gestaltet, dass du die Energie der Rauhnächte für dich erfahrbar machen kannst. Wenn während dieser Zeit die Welt zur Ruhe kommt und du deine Wahrnehmung schärfst, um mit dem Übersinnlichen in Kontakt zu kommen, mit der Magie des Lebens, dann geht es vor allem darum, über deine Sinne zu empfangen. Deswegen kannst du schauen, was dir während dieser Zeit begegnet: Welche Worte liest du? Welche Tiere begegnen dir? Welche Themen zeigen sich in deinem Leben? Was träumst du? All das können Einladungen und Symbole sein, die du dir genauer anschauen solltest.

Grundsätzlich ist zu sagen, dass jede Rauhnacht für einen Monat im kommenden Jahr steht – gewissermaßen als Vorausschau oder als Angebot, dass du dich in dem Monat mit einem Aspekt, der sich zeigen kann, näher beschäftigst. Ein Beispiel: Ich habe mal während der achten Rauhnacht einen Traum gehabt, in dem ich eine Geburt erlebte, und habe mir das für den Monat August notiert. In dem Monat würde mein neues Buch erscheinen (was mir damals noch nicht klar war). Es kann also eine spannende und auch spielerische Beschäftigung sein, sich ein bisschen auf Eingebungen einzustimmen. Dafür brauchst du nichts weiter als ein bisschen Neugier und Offenheit – und am Ende kannst du mit deiner Intuition schauen, was in welcher Form für dich stimmig ist. Also, was auch immer sich zeigt: Es sind Impulse und Hinweise. Du entscheidest, was du damit machst.

Dies sind meine Vorschläge für deine Rauhnacht-Rituale, die du alle jeden Tag machen kannst – oder eine Auswahl davon:

- **Rauhnacht-Tagebuch schreiben:** Für mich ist es so, dass Schreiben nicht nur mein Beruf und meine Berufung ist, sondern über das Schreiben lerne ich mich selbst kennen, finde Klarheit oder reflektiere über mein Leben. Ich nenne dies »Intuitives Schreiben« und gebe dies gern in Workshops weiter, weil ich dann erlebe, welche Kraft Worte haben. Sie sind ein wundervoller Selbstausdruck und wirken in geschriebener Form immer noch einmal anders. Deine Sprache und deinen Ausdruck zu finden ist absolut magisch. Denn damit kannst du dich auch in die Welt bringen oder ausdrücken, was dir wichtig ist. Falls du auch gern schreibst, dann empfehle ich dir, ein Rauhnacht-Tagebuch zu führen und dort einfach alles zu sammeln, was dir an Erkenntnissen und Inspirationen zufliegt. Da es sein kann, dass deine Träume (dazu gehören auch Tagträume) intensiver sind als sonst, ist es gut, das Tagebuch griffbereit neben dein Bett zu legen und als Erstes am Morgen ein paar Traumsequenzen zu notieren. Es können auch erst nur Stichpunkte sein, die du später weiter ausführst. Aber du weißt es selbst: Träume fliegen schnell wieder weg. Falls du dich an deine Träume erinnern willst, dann sag dir dies vorm Einschlafen: »Ich erinnere mich morgen früh an meine Träume.« Das kann helfen. Es reicht auch, wenn du nur eine Kleinigkeit kennst. Beim Schreiben kann mehr dazukommen. Die Sprache der Träume ist anders, viel symbolhafter. Und nur du kannst sie für dich deuten.

Ab und zu ist es auch spannend, sich nur das Gefühl anzuschauen, das du hattest. Und dies dann zu beobachten: Woher kennst du es? Wie könntest du es für dich wandeln (wenn es negativ ist), oder wie kannst du es mehr leben (wenn es positiv ist)? Finde dafür deine Art und Weise. Alternativ kannst du Träume zum Beispiel malen. Wenn wir diese in einer anderen Form sehen, bekommen wir eine umfassende Perspektive darauf und haben vielleicht eine Erkenntnis – in dem Moment oder auch später.

- **Das Ritual der 13 Wünsche:** Es gehört nach meinen Erfahrungen zu den beliebtesten Ritualen der Rauhnächte, weil es uns mit unseren inneren Herzenswünschen verbindet und so einfach umzusetzen ist. Es geht so: Du schreibst 13 Wünsche auf einzelne Zettel, faltest diese zusammen und legst sie in ein schönes Gefäß. Die Wünsche dürfen so formuliert sein, dass sie schon passiert sind. Also: »Ich bin gelassen und erfüllt im Alltag«, »Ich lebe in einem blauen Haus mit Blick aufs Meer«, »Ich arbeite in meinem Traumjob«, »Ich teile mein Leben mit einem passenden Gefährten«. Du darfst dabei konkret sein. Halte alles für möglich. Dann ziehst du jeden Tag einen Wunsch und verbrennst ihn mit dem Gefühl, dass er sich auf die für dich beste Art und Weise in deinem Leben zeigt. Die Magie der Rauhnächte wird den Wunsch zusätzlich beflügeln. In dem Moment lässt du den Wunsch los, aber bleibst in Vertrauen damit verbunden. Der 13. Wunsch ergibt sich am Ende automatisch. Diesen darfst du dir selbst erfüllen, indem du alles dafür tust, damit er sich manifestiert. Es ist immer sehr spannend, welcher Wunsch am Ende übrig ist.

Das Wünschen ist eine Kunst für sich. Erst einmal darfst du dir einen Moment nehmen, um alles aufzuschreiben. Manchen fällt dies sehr leicht, und sie füllen jeden Zettel rasch aus – andere sind nach fünf Zetteln schon durch. Auch hier sei dir gesagt: Du bist frei, dein eigenes Ritual zu gestalten. Es ist faszinierend, wie Kinder das automatisch machen. Eine Mutter, die mein Buch »Rauhnächte mit Kindern erleben« gelesen und die Reise mitgemacht hatte, erzählte mir, dass ihr neun Jahre alter Sohn dreizehn Mal denselben Wunsch aufschrieb. Er wollte einen Freund wiedersehen, den er vermisste. Erst hatte sie den Impuls, dies zu korrigieren, aber dann ließ sie ihn, weil er so fest entschlossen war: Dies ist mein Wunsch, und den ziehe ich jetzt jeden Tag. Insofern gibt es beim Wünschen keine festen Regeln – mit der Ausnahme der positiven Formulierung und, was auch wichtig ist: Wir dürfen uns ohne Zustimmung nichts für eine andere Person wünschen. Natürlich ist es möglich, wenn einem die eigenen Wünsche ausgehen, dass wir auch andere bedenken. Möglich ist es dann, sich allgemein Frieden für die Welt und Schutz für Umwelt und Tiere zu wünschen, aber wir haben nicht das Recht, uns etwas für eine andere Person zu wünschen – es sei denn, wir fragen vorher: »Ist es okay, wenn ich dir Gesundheit wünsche?« Prüfe auch: Fällt es dir leichter, etwas für andere zu wünschen als für dich selbst?

Mir ist wichtig, zu betonen, dass das Wünsche-Ritual nichts Passives ist, so wie eine Lotterie oder ein Glücksspiel mit dem Magischen. Wir wirken aktiv mit, indem wir uns darauf ausrichten und das Vertrauen aufrechterhalten. Was wir allerdings in dem Zusammenhang unbedingt wissen sollten, ist: Wir dürfen alle Erwartungen fallen lassen, wann und auf welche Weise sich die Wünsche erfüllen. Wir haben einerseits den freien Willen und gestalten unser Leben aktiv. Doch dann gibt es noch etwas, das wir nicht beeinflussen können: das Timing und auch, wie sich die Wünsche dann zeigen. Wir können aber vertrauen, dass alles zu unserem Besten geschieht. Ich möchte mit dir dazu ein Beispiel teilen: Eine Frau hat sich mal ihren Traummann an die Seite gewünscht – bestenfalls sofort. Es hat nicht geklappt, und sie war enttäuscht. Als sie schon fast den Glauben verloren hatte, traf sie ihn Jahre später. Und in der Rückschau stellte sie fest: Dieser Mann, der wirklich gut zu ihr passte, war lange mit einer schwierigen Trennung beschäftigt. Sie traf ihn in dem Moment, als bei ihm wieder Leichtigkeit und Offenheit für etwas Neues da waren. Sie bedankte sich, dass es genau so und nicht anders gekommen ist, und dachte sich: Hätte ich in der Zeit einfach mal die Zweifel gelassen und das Leben genossen. Und das Beispiel zeigt auch, dass wir manchmal, auch wenn wir einen Wunsch im Herzen tragen, noch nicht bereit sind. Denn natürlich wollte der Mann nach der Trennung auch sofort jemand anders an der Seite haben – aber es wäre vermutlich in dem

Chaos wieder schiefgegangen. Ich möchte auch noch einmal betonen: Sei achtsam damit, was du dir wünschst. Es geht nicht darum, bescheiden zu sein. Es geht eher um die Frage: Was willst du wirklich? Wenn ich den Traum habe, auf Hawaii zu leben, aber noch nie dort war – dann sollte ich überlegen, was genau mich dorthin zieht, bevor ich mich dauerhaft in das scheinbare Paradies wünsche. Wenn ich mir einen Porsche wünsche, dann sollte ich mal zur Probe gefahren zu sein. Wir haben manchmal eine gewisse Vorstellung von etwas, aber stellen dann erst im Erleben fest, dass es gar nicht zu uns passt. Deswegen: Probiere aus, was geht! Vielleicht sehnst du dich nach einem neuen Job, der für dich mehr Sinn hat. Mache dir dabei bewusst: Was willst du wirklich, wirklich, wirklich – inklusive aller Konsequenzen? Und es geht bei allem letztlich nicht darum, Besitz zu haben, sondern darum, wie du dich damit fühlst und dass du in deine eigene Größe und dein Potenzial wächst, um wiederum ein starker Teil der Gesellschaft zu sein. Es geht um dein Warum.

Manche Wünsche erfüllen sich schnell, andere später. Und so dürfen wir uns freuen, dass unser Leben Schritt für Schritt in die Transformation geht. Wichtig ist, sich aber im Hier und Jetzt schon erfüllt zu fühlen. Und das ist oft die Schwierigkeit und Falle beim Wünschen. Wenn wir immer sehnsuchtsvoll in die Zukunft hoffen und in der Gegenwart warten, bis das Leben beginnt, dann haben wir kein Leben, und es wird nie wirklich anders werden. Die Kunst ist, aus einer erfüllten Gegenwart in die Zukunft hineinzuleben. Und zu vertrauen. Dankbar zu sein für das, was da ist.

Wir werden während der siebten Rauhnacht genauer auf das Thema Manifestieren eingehen – also, wie wir etwas ins Leben bringen können, was wir ersehnen oder wo wir uns hin entwickeln wollen (s. Seite 173). Jetzt geht es einfach darum: Wünsch dir was aus freiem Herzen!

- **Kartendecks legen:** Es hat etwas Geheimnisvolles und Mystisches, wenn wir uns mit der Kraft von Orakelkarten verbinden. Es gibt mittlerweile so viele wunderschöne Sets, die eine ganz eigene Symbolsprache sprechen. Wähle das Set aus, was dich am meisten anspricht. Es ist wichtig, dass du dich damit wohlfühlst. Und dann kannst du zum Beispiel jeden Tag eine Karte ziehen und schauen, was sie dir sagt. Es gibt auch bestimmte Legungen zu einzelnen Aspekten (diese sind jeweils in den Begleitbüchern beschrieben), oder du stellst eine Frage vorab. Ich empfehle beim Ziehen der Karte, mit dir selbst verbunden zu sein, also es nicht so nebenbei zu machen, sondern erschaffe dir ein eigenes kleines Ritual. Du kannst eine Kerze anzünden, dir einen Tee kochen, noch einmal räuchern und ein bisschen meditieren. Dann zieh deine Karte und schau sie dir erst einmal genau an. Welche Gedanken und

Bilder entstehen in dir? Hör erst einmal genau hin, was dir deine Intuition sagt. Du könntest auch (bevor du die Interpretation der Karte im Begleitbuch liest) erst einmal aufschreiben, was dir die Karte sagt und spiegelt. Wisse auch: Die Karten sind nie gut oder schlecht. Und sie bedeuten nicht, dass etwas ganz sicher passieren wird. Sie sind eine Momentaufnahme und zeigen Tendenzen an, wenn du nach der Zukunft fragst. Aber die Zukunft ist wirklich nicht komplett in Stein gemeißelt. Bleib also nicht passiv und verfalle in Aberglauben und innere Selbstaufgabe, weil du dich dem vermeintlichen Schicksal ergibst. Du hast dein Leben in der Hand, und die moderne Spiritualität besteht darin, dass du erkennst, dass du die Gestalterin deines Lebens bist. Dabei bist du nicht allein, und es gibt so etwas wie Fügung. Aber erinnere dich: Die Meilensteine, die feststehen, werden zu deinem Besten sein. Es ist immer eine Frage der Perspektive. Glaubst du, das Leben ist gegen dich oder für dich? Das ist wichtig! Und was ich dir auch sagen möchte: Sei vorsichtig, wenn andere deine Karten oder deine Zukunft deuten wollen. Es gibt Menschen, die dich dabei unterstützen können. Aber es müssen unbedingt Menschen sein, die verantwortungsvoll und integer sind. Lass dir auf keinen Fall etwas einreden! Und fühle immer, was sich für dich stimmig anfühlt. Insofern: Genieße den Moment mit dir und den Karten – oder lade auch einmal eine Freundin dazu ein. Es kann ein wundervoller Auftakt für ein tiefgründiges Gespräch sein, das wir selbst mit engen Vertrauten nicht immer führen. Gern kannst du dir natürlich danach auch noch ein bisschen Zeit nehmen, um etwas in dein Tagebuch zu schreiben.

- **Die Kunst des Räucherns:** Eine eng mit den Rauhnächten verbundene Tradition ist das Räuchern u. a. der eigenen Räume – früher, um Geister zu vertreiben, aber auch aus hygienischen und ganz praktischen Gründen. Weihrauch und Salbei wirken reinigend. Ihr Duft ist so stark, dass er andere Gerüche überdeckt, etwa in Kirchen. Dieser Brauch erlebt ein Revival und hat sich auch aus religiösen Kontexten gelöst. Wer einmal erlebt hat, wie geklärt sich ein Raum nach dem Räuchern anfühlt, übernimmt dies in die eigenen Routinen wie Staubsaugen und Wischen. Denn: Staub und Dreck ist das, was wir sehen. Aber es gibt auch unsichtbare Störfaktoren: verbrauchte Energie. Und das hat wenig mit Magie zu tun. Jeder weiß, dass sich die Luft in Räumen nach einer Weile stickig anfühlt – und wir dann das Fenster aufmachen für frischen Sauerstoff. Außerdem können wir wahrnehmen, dass wir uns in manchen Räumen wohler fühlen als in anderen. Das hat mit der Energie dort zu tun. Manchmal können wir uns die Räume, in denen wir sind, nicht aussuchen. Zum Beispiel wenn du in einem überfüllten, schlecht gelüfteten Zug sitzt, sich dann noch jemand am Telefon streitet und deutlich wird:

Hier ist aber »dicke Luft«. In Kirchen, Tempeln, Klöstern oder Yogastudios herrscht dagegen oft eine andächtige Stimmung, und die Energie dort ist spürbar rein. Woran liegt das? Dort verhalten sich die Menschen achtsam, es wird regelmäßig gebetet und meditiert. Aber eben auch geräuchert. Es ist normal, dass sich immer mal wieder etwas anstaut oder aufstapelt, dann lüften wir oder räumen auf. Doch wie werde ich alte Energien los, die feinstofflich sind? Da ist Räuchern mit Naturmaterialien wie getrockneten Pflanzen, Kräutern oder Hölzern ein ganz wunderbares Reinigungsritual, das ich während der Rauhnächte intensiver praktiziere als im Alltag. Ich kenne Frauen, die ihr Räucherwerk zum Beispiel auch gern auf Reisen mitnehmen, um ihr Hotelzimmer auszuräuchern. Denn ob wir wollen oder nicht: Wir können auch Stimmungen und Emotionen übernehmen (manche sind dafür empfänglicher oder feinfühliger als andere). Insofern ist es gut, immer mal wieder für »reine Luft« zu sorgen. Wenn wir nun auch noch räuchern und die Wirkstoffe der Kräuter in die Luft geben, hat das zusätzlich positive Effekte. Anstatt im Tee werden sie in der Luft aufgelöst und wirken in der Atmosphäre. Wenn ich etwas loslassen, klären oder reinigen will, mache ich vor dem Räuchern alle Fenster auf und gehe mit einem rauchenden Strauß getrockneten Salbeis (ich habe ihn aus meinem eigenen Kräutergarten gepflückt) gegen den Uhrzeigersinn durch alle Räume. Ab und zu muss ich auf die Glut pusten, damit sie nicht erlischt. Darunter halte ich eine große Muschelhälfte, um die Asche aufzufangen. Dabei stelle ich mir vor, dass alles Alte, Fremde und Negative durch den Rauch aufgelöst wird. Ich mache das so lange und so oft, bis ich das Gefühl habe, dass die Luft »rein« ist. Ich merke das zum Beispiel daran, dass ich klarer denken kann. Danach nutze ich einen Lieblingsduft, um dann bei geschlossenen Fenstern im Uhrzeigersinn wieder gute und vor allem sehr gut riechende Energie hereinzulassen. Ich nehme ein bisschen Zimt und Zirbe für mein Räucherstövchen. Während der Rauhnächte stelle ich mir auch mal besondere Räuchermischungen zusammen. Die lasse ich dann auf Räucherkohle meist draußen schmoren (Hinweis: Die Kohle wird sehr heiß und brennt lange, der Rauch ist stark!), und allein dem Rauch zuzuschauen, wie er sich bewegt, und dabei den wohltuenden Duft einzuatmen, hat schon eine meditative Wirkung. Manchmal zeigt sich dann eine Einsicht oder Erkenntnis zum Leben. Wir kennen das von Lagerfeuerrunden, wo wir stundenlang das Feuer beobachten.

Das Räuchern ist eine Kunst, die in vielen Kulturen verankert ist. Ich empfehle, das Räuchern neu zu entdecken. Oft stößt man dabei auch auf Kräuter, die einem bislang gar nicht bekannt waren. Manchmal gehe ich in Hamburg in das Kräuterhaus oder in die Prana Station – Läden, in denen es alle möglichen

Kräuter und Räucherwerk gibt. Ich lasse mich dann von meiner Nase leiten, welcher Tee oder welche Räuchermischung für mich gerade gut ist. Und das empfehle ich auch euch: Am Ende entscheidet die eigene Nase. Wir wissen, was uns guttut. Viel Freude beim Schnuppern!

Dein Räucher-Ritual

1. Welche Intention hat dein Räuchern: Energie aus dem Raum bringen oder hereinbringen? Oder willst du während des Räucherns in die innere Einkehr gehen? Wie möchtest du dich danach fühlen?
2. Nun räuchere den Raum in voller Präsenz und/oder deinen Körper mit einem sicheren Abstand. Oder setze dich nach draußen mit der aktivierten Räucherkohle und streue das Räucherwerk darüber.
3. Verweile im Augenblick.
4. Lüfte den Raum oder lösche das Räucherwerk bzw. lasse es ausglimmen.
5. Spüre einen Moment nach. Wie fühlst du dich jetzt?

DIE WIRKUNG VON RÄUCHERWERK

Reinigend und klärend: Salbei, Beifuß, Weihrauch, Kiefernnadeln
Entspannend: Johanniskraut, Lavendel, Rose, Hopfen, Baldrian, Zitronenmelisse, Kamille
Bestärkend: Rosmarin, Esche, Wermut, Pfefferminze
Erdend: Harze
Loslassen: Myrte
Positive Gefühle: Zimt, Tonka, Kakao, Vanille
Schützend: Wacholder

Kapitel 3

Vorbereitung auf die *Rauhnächte*

Um während der Zeit der inneren Einkehr aus dem Alltag auszusteigen, ist es hilfreich, sich ein wenig vorzubereiten. Es ist verständlich, dass die Zeit vor der Ruhe der Feiertage bei vielen Menschen eher turbulent ist, weil eben alles noch abgeschlossen wird. Im Folgenden geht es nicht darum, dass du mehr To-dos erschaffst, sondern dass du dich auf das Machbare und dir Wesentliche fokussierst: Was brauche ich noch, damit die innere Einkehr für mich leichter wird? Anstatt eines üblichen Adventskalenders könntest du dir auch 24 kleine Impulse aufschreiben, die du entsprechend an dem Tag für dich als Vorbereitung mit Freude umsetzen willst, wie: »Schöne Kerzen aufstellen«, »Meine beste Freundin anrufen und ihr sagen, wie wundervoll sie ist«, »Zehn Prozent meines Einkommens von November für einen guten Zweck spenden«.

Es ist auch möglich, ohne jegliche Vorbereitung durch die Rauhnächte zu reisen, aber je mehr wir uns den

Rahmen gestalten und den Kopf frei haben, umso leichter fällt es uns, zur Ruhe zu kommen und uns dem Moment hinzugeben. Einen Tee kannst du auch nicht ohne Tasse trinken.

Diese Vorbereitung ist auch eine Ausrichtung im Inneren, denn es geht darum, sich auf das zu konzentrieren, was wirklich wichtig ist und stimmig für dich. Wenn wir dies konsequent deutlich machen, wird das Leben für uns einfacher und letztlich auch für alle um uns herum. Wenn ich weiß, wie jemand tickt, was ihm oder ihr wichtig ist, dann kann ich das auch mehr respektieren. Vielleicht motiviert dich das zusätzlich: Bei allem, was wir hier machen, legen wir eine Grundlage, die das Leben nachhaltig bewusster und für dich leichter macht.

Zur Erinnerung: Wir können uns unter allen Umständen und an allen Orten einlassen, denn die Basis ist immer, sich bewusst für die Erfahrung mit allen Sinnen zu öffnen. Wir können die Reise mit uns selbst machen – oder gemeinsam mit anderen reisen. Wichtig ist, dass du schaust, was für dich am besten passt, und es genau so machst, wie du magst. Auf deine Art. Achte dich und deine Bedürfnisse und folge deiner Intuition schon während der Vorbereitung. Im Folgenden findest du ein paar Ideen und Anregungen.

1. Erschaffe dir deinen Raum

Generell ist es für das innere Gefühl empfehlenswert, dass du dir selbst ein schönes und geklärtes äußeres Umfeld kreierst. Das unterstützt sehr dabei, dich nicht nur wohlzufühlen, sondern auch im Inneren Ordnung und Besinnung zu finden. Die Vorweihnachtszeit ist bereits davon geprägt, dass wir unseren Wohnbereich gemütlich machen und so gestalten, dass wir uns in der Dunkelheit und Kälte wohlfühlen – und festliche Stimmung entsteht. Wir besorgen uns Kerzen, Deko und kuschelige Kleidung.

Es geht auch darum, dass dein Wohnbereich nicht nur funktional ist, sondern auch deine Persönlichkeit, wie sie jetzt ist, spiegelt, und dass du dich wirklich zuhause fühlst. Das ist wichtig, damit wir entspannen können (nicht nur im Winter, aber da besonders, weil wir mehr Zeit drinnen verbringen). Und noch ein Tipp: Aufräumen und einrichten kann mehr Spaß machen, wenn wir uns vorstellen, dass wir uns und den Menschen, die mit uns leben, etwas Gutes tun bzw. gemeinsam die Welt um uns herum verschönern und uns vom Alten entlasten.

Nimm dir jeden Raum einzeln vor (und nicht alles an einem Tag) und schaue dich um, dann stelle dir folgende Fragen:

- Spüre, wie du dich in dem Raum fühlst (mit offenen und mit geschlossenen Augen). Dann frage dich: Wie kann ich diesen Raum entlasten? Von was kann ich mich trennen? Was gibt mir kein gutes Gefühl (mehr), was stört mich? Was steht im Weg oder setzt nur Staub an? Was verbinde ich mit einer nicht so guten oder nicht mehr wichtigen Erinnerung? Achte auf deinen ersten Impuls und handele sofort. Packe alles in eine Kiste/Tüte und verschenke/

verkaufe/spende/entsorge die Dinge. Lagere sie nicht im Keller oder auf dem Dachboden.

- Nimm den Raum erneut genau wahr und spüre auch, was sich verändert hat. Dann frage dich: Wie kann ich diesen Raum noch schöner machen? Was würde mich erfreuen, stärken und ausdrücken, wie ich mich fühlen möchte? Es sind manchmal kleine Details wie: einen Stein von einem Urlaubsort, den du liebst, in dein Blickfeld rücken. Entscheide dich für mindestens eine Aktion und setze sie möglichst direkt um.
- Besonders schön ist es auch, sich selbst einen Ort für die Rauhnächte einzurichten. Das kann eine Ecke auf der Fensterbank sein oder ein kleiner Tisch, wo du alles anrichtest, was dich in der Zeit begleitet: ein Tagebuch, Räucherwerk, eigene Gemälde, Meditationskissen und persönliche Gegenstände mit Wert für dich. Dieser Bereich wird sich auch noch weiter füllen durch die Rauhnacht-Rituale. Gleichzeitig kannst du so auch schon einmal deutlich machen, dass diese Zeit einen besonderen Raum in deinem Leben bekommt. Während du dir deinen Ort erschaffst, wirst du in eine Verbindung mit dir kommen. Gleichzeitig kannst du Familienmitglieder/Mitbewohner:innen darauf vorbereiten, dass du dir bewusst Raum und Zeit für dich nehmen willst. Es ist immer hilfreich, dies schon anzukündigen und eventuell Regeln/Wünsche zu definieren. Etwa: Ich brauche zu einer bestimmten Tageszeit

den Raum für mich. Oder: Immer wenn ich in dem Raum bin, möchte ich nicht gestört werden.

2. Bewusst das Jahr abschließen

Damit du so frei wie möglich in das nächste Jahr wechseln kannst, empfiehlt es sich, ein paar Zyklen zu beenden – also auch einen Abschluss zu finden. Stell dir deine Hand vor, wie sie verschiedene Dinge hält: Stifte oder Steine. Oder mache einfach mal das: Nimm ein paar Gegenstände in die Hand. Kleine Dinge passen, bei großen wird es schwer. Irgendwann ist dein Limit erreicht, was du halten kannst. Und wenn du jetzt etwas Neues hineinlegen willst, dann geht das nicht. Also, entscheide weise, was du (be-)halten magst, und wenn du etwas Neues in dein Leben lassen möchtest, dann schaffe Platz dafür. Und sortiere deine Basis so gut wie möglich, damit du nicht belastet bist. Meine Ideen für dich sind:

- **Gib alles zurück, was nicht dir gehört und was du nicht mehr brauchst.** Dabei geht es um Ausgeliehenes wie Bücher etc., aber auch Emotionen und Themen von anderen Menschen, die dich nicht zu belasten brauchen. Dazu wird es auch noch einmal Impulse während der Rauhnächte geben. Aber was auch immer dir begegnet, entscheide dich jetzt schon, was du nicht weiter tragen willst: von Kleidung bis zu den Problemen anderer.
- **Sprich alles aus, was noch gesagt werden möchte.** Wir alle halten etwas in uns, was wir (noch) nicht gesagt haben. Wir drehen und wenden es in unseren

Gedanken. Aber worauf wartest du eigentlich? Lass es raus (auf achtsame Art). Du kannst es sagen, schreiben oder einfach auch nur im Herzen formulieren. Die Botschaften kommen an. Wenn es um einen Konflikt oder einen Streit geht, achte darauf, dass du kein neues Feuer entfachst, sondern dafür sorgst, dass du Frieden findest (es geht nicht um Schuldzuweisungen und Du-Botschaften).

- **Schaffe Klarheit bei deinen Finanzen und Werten.** Bezahle alle Rechnungen, kündige sinnlose Abos und schließe die Steuer etc. so weit es geht ab. Falls du dieses Jahr noch etwas Geld übrig hast, dann investiere es in deine Zukunft. Lege dir ein Konto an, das nur für deine Träume und Spaß gedacht ist. Auch wenn es nur ein paar Euro sind. Gib sie dann, wann immer du es brauchst, voller Freude aus! Und dann schau, dass du etwas für einen guten Zweck spenden kannst oder jemandem eine Freude machst (eine Freundin zum Essen einladen oder was auch immer für dich stimmig ist). Sei dankbar für alles, was an Werten zu dir geflossen ist dieses Jahr (es muss nicht immer Geld sein!).
- **Welche Aufgaben möchtest du noch abschließen?** Schau, was du noch realistisch abschließen magst/musst (einen Bericht, eine Hausarbeit, eine Mail), und prüfe auch, ob es wichtig und realisierbar ist für dich. Wenn ja: Dann setze dir dafür einen Termin. Wenn nicht, entscheide bewusst, es mit frischer Energie im neuen Jahr anzugehen. Wenn

wir überfordert sind oder keine Kraft mehr haben, dann ist es besser, es zu verschieben. Wenn du etwas schon ewig vor dir herschiebst, dann frage dich: Ist es wirklich wichtig für mich? Wenn nein: Hat es keine dramatischen Konsequenzen, wenn ich es ganz lasse? Dann ist es vielleicht an der Zeit, sich von der Aufgabe ganz zu verabschieden.

- **Erreichbarkeit und Mediennutzung festlegen.** Entscheide dich, wie und für wen du während der Rauhnächte erreichbar sein möchtest. Vielleicht ist es für dich möglich, in der Zeit sogar alle Mailpostfächer ruhen zu lassen (richte dir am besten einen Autoresponder ein) und auch Social Media für die Zeit vom Handy zu löschen oder abzumelden. Wenn nicht jetzt, wann dann? Wenn du arbeitest oder in der Zeit erreichbar sein musst, dann ist es auch kein Problem. Hilfreich ist es, sich auf das Notwendigste zu fokussieren. Wenn du es liebst, mit anderen in Kontakt zu sein, dann lass alles wie immer. Es ist nichts grundsätzlich schlecht, also auch nicht Social Media. Es geht immer um deine Beziehung zu den Dingen oder Verhaltensweisen: Ist sie für dich förderlich oder nicht? Du merkst es daran, ob du dich erschöpfst und weit von dir weg fühlst oder belebt und nah bei dir bzw. inspiriert. Oft ist die Dosis entscheidend: Eine Tasse Kaffee belebt, ab drei Tassen kann es sein, dass du innerlich unruhig wirst. Ein Instagram Live zu einem für dich spannenden Thema anzuschauen, inspiriert. Wahllos mit Videos,

Meinungen und Menschen, die durch Filter ihr Aussehen anpassen, konfrontiert zu werden, kann dich verwirren und dir Energie entziehen. Bedenke: Wir müssen alles verarbeiten, was wir wahrnehmen, und es prägt uns. Ich habe mich deshalb entschieden, keine Medien zu konsumieren, bei denen erfundene Gewalt vorkommt, wie Krimis oder für mich veraltete Vorstellungen (zum Beispiel über das Frausein) eine große Rolle spielen. Und gleichzeitig möchte ich über Social Media nur teilen, was etwas Wertvolles erschafft – und bestenfalls inspiriert.

- **Liebe, Wertschätzung und Dank teilen.** In der Vorweihnachtszeit ist es üblich, Geschenke zu besorgen und Karten zu verschicken. Entscheide dich dieses Jahr, dies ganz bewusst zu tun. Anstatt den Anspruch zu haben, allen zu schreiben, denen du jedes Jahr schreibst, oder die Gleichen zu beschenken, fokussiere dich doch lieber voller Energie auf die Menschen, die dich dieses Jahr begleitet und unterstützt haben, und bedanke dich bei ihnen auf persönliche Art. Besser nur fünf Karten schreiben als dreißig gehetzt und gestresst mit Standardformulierungen. Genauso ist es bei Geschenken. Ich schenke so gern und möchte auch nicht zu meinen Freund:innen und Familienmitgliedern sagen: Ach, wir schenken uns nichts! Ich habe mich aber entschieden, nur noch bewusst zu konsumieren und deswegen auch nur zu schenken, wenn ich etwas entdecke, was zu der Person wirklich passt, und beim Kauf auf Nachhaltigkeit und eine gute Qualität zu achten. Alternativ schenke ich Momente und Erlebnisse, die wir teilen.

3. Einkaufs- und Bastelideen

Weil die Rauhnächte wieder populär geworden sind, gibt es mittlerweile eine gute Auswahl an Dingen, die dein Erlebnis bereichern können. Nichts davon brauchst du oder musst du kaufen. Aber du kannst dich bewusst dafür entscheiden, und dann ist es gut, wenn du alles vor Beginn der Rauhnächte im Haus hast. Schön ist es, von kleineren Manufakturen, die von Frauen betrieben werden, zu kaufen. Mögliche Bezugsquellen findest du auch auf Seite 261. Hier kommen ein paar Ideen:

- Ein Tagebuch für deine Träume oder Erlebnisse während des Tages.
- Kerzen, Steine, Symbole, Deko für deine Rauhnachtsecke. Du kannst Kerzen auch selbst gießen oder entsprechend mit Glitzer, Perlen, Kerzenmalern, Symbolen aus Wachs oder Bändern verzieren.
- Kreativmaterial, falls du dazu einen Bezug hast oder dich kreativ ausdrücken möchtest: Leinwände und Farben; Ton; Naturmaterialien wie Steine, Stöcke, Blätter; Musikinstrumente, die du entdecken magst.
- Erstelle dir eine schöne Playlist mit passenden Liedern, die für dich mystisch und beruhigend klingen. Oder hör mal in meine Playlist auf Spotify: »Rauhnächte-Reise« rein und füge gern deine Lieblingstracks dazu.

- Ein Kartendeck, das dich anspricht (es gibt spezifische Sets für die Rauhnächte, aber du kannst auch ein ganz anderes nutzen). Du findest diese im entsprechend sortierten Buchhandel. Alternativ kannst du dir auch ein Kartenset selbst basteln. Schneide mehrere Karten aus festem Karton in der Größe von Spielkarten zurecht. Gestalte jede Karte mit einem Symbol, einem Bild oder einem kurzen Spruch, der eine Botschaft für die Rauhnächte repräsentiert. Verwende zum Beispiel »magische« Farben wie Gold.
- Bequeme Kleidung, die dich wirklich gut fühlen lässt, zum Beispiel aus Naturmaterialien.
- Räucherwerk: Es gibt verschiedene Varianten und Möglichkeiten zu räuchern.
  - Räucherkohle: Lege ein Stück in eine feuerfeste Schale auf Feuersand, entzünde sie und warte, bis sie vollständig glüht. Das Räuchergut sollte darauf nicht brennen. Du kannst Pflanzliches aller Art (außer Giftiges) verwenden, u. a. lose getrocknete Kräuter, gemörserte Harze, auch reine Kräutertees.
  - Stövchen mit Räuchersieb: Du kannst hier deine Kräuter mit einem Teelicht erwärmen. Sobald der Rauch entsteht, kannst du die Kerze auspusten.
  - Räucherstrauß: Du nimmst das Bündel in die Hand und zündest es am anderen Ende vollständig an. Wenn es richtig brennt, puste die Flamme aus. Um den Strauß ganz zu löschen,

kannst du ihn in Feuersand ausdrücken. Um den Rauch zu verteilen, kannst du eine Feder nutzen.

Schön ist es, wenn du selbst gesammelte oder gezogene Kräuter wie Salbei oder Hölzer wie Zedernspäne verwendest. Du kannst Räucherstäbchen oder Kräutersträuße zum Beispiel aus Salbei kaufen oder selbst binden (einfach den Strauß oben umbiegen und alles mit einem Garn über Kreuz umwickeln, am Ende festknoten). Alternativen zum Räuchern (falls der Rauchmelder immer losgeht) sind ätherische Öle für einen Diffuser oder etwa Salbeiwasser zum Sprühen. Es ist wichtig, auf eine gute und naturbelassene Qualität des Räucherwerks und der Öle zu achten, insbesondere wenn du drinnen räucherst. Generell kann es sein, dass Haustiere oder Kinder bis etwa drei Jahre sensibel reagieren, dann besser gut lüften, nur draußen oder in Abwesenheit von empfindlichen Nasen räuchern – oder darauf verzichten. Räucherwerk und die passenden Utensilien gibt es oft in Kräuterläden oder spirituellen (Buch-)Läden.

Du kannst dir auch selbst einen Rauhnächte-Tee aus deinen Lieblingskräutern mischen. Wenn du ihn im Laufe des Jahres dann weiter trinkst, wird dich dies immer an diese Zeit erinnern.

Kapitel 4

Impulse für jede *Rauhnacht*

Nun geht es los: Deine magische Reise durch die Rauhnächte startet am 25.12. um Mitternacht. Eine Rauhnacht geht immer von Mitternacht bis Mitternacht. Lass dich bitte nicht verwirren: Es gibt verschiedene Zählweisen - manche starten auch zur Wintersonnenwende am 21.12. oder am 24.12. Dieses Buch ist so aufgebaut, dass die Reise am 25.12. startet und am 6.1. mit der Integration bzw. dem Transfer deiner Erfahrungen in den Alltag endet - aber natürlich kannst du auch dann beginnen, wann es für dich zeitlich gut passt.

Allgemein ist dieser Ablauf so stimmig, weil Heiligabend damit ein festlicher Auftakt ist und dann mit den Feiertagen auch die Ruhe und innere Einkehr startet. Der 6.1., der oft auch noch ein Feiertag oder frei ist, kann dann wieder der Übergang in den Alltag sein.

Du erhältst von mir für jede Rauhnacht spezielle Impulse, zusätzlich zu deinen wiederkehrenden Ritualen. Sie sollen dich stärken und inspirieren. Wir reisen von der Ruhe langsam wieder in die Aktivität des Alltags. Das bedeutet, dass es zum Ende der Rauhnächte auch darum geht, wie du dein Leben aktiv gestalten kannst.

Außerdem gibt es wie angekündigt zu jeder Rauhnacht einen Impuls aus der Quelle der weiblichen Weisheit. Beim Schreiben habe ich mich mit den Qualitäten der reinen weiblichen Urkraft verbunden. Dazu gehört auch die weibliche Energie, die wir aus den Märchen als Frau Holle kennen – die dominante weibliche Figur während der Rauhnächte. Lass die Worte gern auf dich wirken. Am Ende jeder Rauhnacht bekommst du immer einen Impuls, der dich im Alltag begleiten kann. Möglicherweise wiederholen sich bestimmte Aspekte, damit sie sich besser verinnerlichen lassen.

Es ist vollkommen okay, wenn du nicht alles mitmachst oder auch mal einen Tag bzw. eine Nacht auslässt. Wichtig ist, dass du dich nicht überforderst. Du kannst die Übungen, Reflexionen und Meditationen auch im Laufe des Jahres oder zu den nächsten Rauhnächten machen.

Es ist möglich, dass du aktuell für eine bestimmte Übung oder ein Ritual noch nicht bereit bist. Das Buch ist zeitlos, und du kannst es jedes Jahr wieder lesen – und dann immer wieder etwas Neues entdecken.

Wann du die Rituale und Übungen im Laufe des Tages machst, ist ebenfalls deine Entscheidung. Ich empfehle aber immer, dass du dir einen festen Zeitraum für die wiederkehrenden Rituale nimmst. Für mich ist das der Morgen – da bereite ich mich auf den Tag vor. Du könntest das jeweilige Kapitel entspannt lesen, deine Karte des Tages ziehen, meditieren, deinen Wunsch verbrennen und danach vielleicht noch in der Natur spazieren gehen. Dann kann alles in den Tag hineinwirken. Genauso gut ist aber besinnliche Zeit am Nachmittag oder Abend – je nachdem, wie es zu deinen Gewohnheiten und in den Tagesablauf von dir (und deinem Umfeld) passt.

Ich habe noch einmal meine allgemeinen Empfehlungen für deine innere Einstellung und aktive Ausrichtung für dich zusammengefasst:

- Öffne deine Wahrnehmung und deine Sinne. Nimm dir mehr Zeit als sonst, die Welt um dich herum bewusst zu erleben, indem du im Hier und Jetzt verweilst.
- Vertraue dir, deiner inneren Wahrheit und dem, was sich dir zeigt.
- Verbringe Zeit mit dir selbst und wenn du magst, mit Menschen (und Tieren), die dir wirklich am Herzen liegen. Gehe auch so oft wie möglich in die Natur.
- Erlaube dir Momente mit dir selbst, in denen du reflektieren und ruhen kannst.
- Verzichte auf unnötige Verpflichtungen.
- Lass deine kreative Energie fließen (das wird dir immer gute Energie zurückgeben): male, schreibe, singe, koche, töpfere etc.
- Frage dich immer wieder: Was erfüllt dich mit Freude und Leichtigkeit?
- Sei entspannt mit deinen Erwartungen. Es zeigt sich das, was sich zeigen mag. Je mehr du loslässt, umso empfänglicher bist du für magische Momente.

- Mach dir bitte keinen Druck oder Stress. Du kannst keine Fehler machen, sondern nur Erfahrungen sammeln.
- Befreie dich von Aberglauben: Wenn du an Silvester einen für dich nicht so erfüllten Abend erlebst, bedeutet das nicht, dass das kommende Jahr voller Unglück sein wird!

Kapitel 5

Reise durch die Rauhnächte

DIE ERSTE RAUHNACHT

25. DEZEMBER

In die Ruhe finden

Monat im kommenden Jahr: Januar
Fokus auf: Im Inneren ankommen, Alltag loslassen, Entspannung und Stille wahrnehmen
Tagesmotto: Ich erlaube mir, vom Tun ins Sein zu wechseln
Wiederkehrende Rituale: Wunsch verbrennen, (Traum-)Tagebuch, Orakelkarte ziehen, Räuchern
Impulse des Tages: Atembetrachtung, Wege in die Stille und geführte Meditation: »In die Ruhe finden«

Es ist genug. Du hast dein Bestes gegeben, und nun beginnt für dich die Zeit des inneren Ankommens. Lass die aktive Seite in dir ruhen. Atme tiefer. Mache alles ein wenig bewusster und langsamer. Spüre, wie der Druck und die Anstrengung sich lösen. Es wird sanfter, weicher, stiller. Die dunklen, langen Tage sind dafür da, dass du deinen Blick nach innen richtest und dir erlaubst, langsamer zu werden. So kann die Energie sich legen, wieder sammeln und aufbauen, wie sich das Licht sammelt und ab jetzt jeden Tag ein bisschen mehr wird. Lass zu, dass dein ganzes System herunterfahren kann, wie bei Tieren in der Winterruhe, wie bei einer Sanduhr, wie eine Taucherin, die sanft zum Meeresboden hinabgleitet.

Zur Ruhe kommen bedeutet dabei nicht Stillstand. Es ist wundervoll, in der Welt zu wirken und Ziele zu haben. Die Schriftstellerin Elizabeth Gilbert (u. a. »Eat, Pray, Love«) hat mal in einem Podcast[5] gesagt, dass einer der revolutionärsten Zustände, die eine Frau erreichen kann, ist, entspannt zu sein. In unserer Gesellschaft beobachte ich das eher bei älteren Frauen – so als ob es vorher nicht erlaubt sei. Aber können wir auch schon vor dem Ruhestand gelassen sein? Darf der Stress und der Druck weniger werden? Darf es einfacher sein, auch wenn es manchmal schwer ist? Ja!

Ruhen ist ein inneres Zulassen und eine vertrauensvolle Hingabe an den Rückzug vom Alltäglichen, vom Stress und von der Daueraktivität. Wenn du ein erfüllteres Leben möchtest, dann kann es nicht dauernd gefüllt sein. Im Müßiggang können sehr tiefe Zustände von Entspannung entstehen, die dich mit Einsichten, Ideen und Frieden beglücken. Schenk dir Momente, die dich in eine tiefere Gelassenheit führen und damit zu deinem inneren Kern – auch wenn du dich dann nicht ablenken kannst.

Der Weg in die Ruhe

Es ist leicht gesagt, aber nicht einfach umzusetzen: zur Ruhe kommen, nichts Bestimmtes tun und den Tag ohne viele Pläne auf sich zukommen lassen. Wir sind es so gewohnt, schon mit inneren To-do-Listen aufzuwachen und mehr im Aktionsmodus zu funktionieren als im Seins-Modus. Das ist auch phasenweise notwendig, denn manche Dinge sollten erledigt werden. Aber immer schnell-schnell und mal eben kurz? Puh, wie wäre es, sich Zeit zu lassen für unsere täglichen Aufgaben?

Allerdings ist es genauso wichtig, und das stellen wir oft hintenan, Momente des Nur-Seins zuzulassen. Und der Königinnen-Modus wäre dann, alles aus derselben Gelassenheit heraus zu machen – ob nun Steuererklärung und Hausputz oder einen Spaziergang in der Sonne. Dafür dürfen wir erst einmal beginnen, uns selbst mehr Raum zu geben (den wir im Alltag oft nicht haben) und aus diesem Gefühl, der Zeit hinterherzurennen, auszusteigen. Raus aus der Enge und dem Druck, rein in das Durchatmen und die Weite.

Ja, was bedeutet das Sein eigentlich? Das heißt, dass wir uns nicht mit unseren Gedanken und Aufgaben identifizieren, sondern zurückkommen zu uns selbst und zulassen, einfach nur im Hier und Jetzt zu verweilen. Wahrzunehmen. Zu sein.

»Und dann?«, fragst du dich jetzt vielleicht. Wie geht das, wie mache ich das? Oder was mache ich da? Tatsächlich ist es wirklich paradox: Einerseits ist es unser natürlicher Zustand, einfach präsent im Augenblick zu sein, unseren Körper zu spüren, über alle Sinne wahrzunehmen (ohne zu bewerten). Unsere Gedanken oder inneren Bilder sind letztlich auch nur eine Sinneswahrnehmung. Doch wir nehmen sie zu oft als unsere Wahrheit und knüpfen daran Befürchtungen oder Vorstellungen, wie etwas ist oder zu sein hat. Dann entstehen dazu die Gefühle wie Angst. Wir leben also gedanklich in der Zukunft, die auf Erfahrungen der Vergangenheit basiert. Und wir befinden uns in einer konstanten Anspannung, im Stress. Wir sind es oft so gewohnt, dass wir den Ausgleich gar nicht kennen oder suchen.

Wenn du langsam wirst, kommst du schneller an

Deswegen nehmen wir uns am heutigen Tag bewusst vor, diese andere Seite auch zu leben, damit wir entschleunigen, ohne in Zeitlupe zu agieren oder mit der Sorge, etwas zu verpassen oder nicht zu schaffen. Im Gegenteil. In dem schnellen Überholmodus verpassen wir oft das Leben bzw. unsere eigene Lebendigkeit und lassen uns passiv mittragen. Was dann auf der Strecke bleibt, sind unsere Bedürfnisse oder auch gute Ideen, die in der Ruhe entstehen. Die freie Zeit heben wir uns oft für später auf, für den Urlaub, fürs Wochenende oder wenn wir irgendwann mal in der Natur sind. Manchmal geht es nicht anders.

Aber die Wahrheit ist, dass wir niemals Ruhe im Außen finden, wenn wir nicht innerlich ruhig sind. Auch wenn wir freihaben, können wir immer noch gestresst sein und uns unruhig fühlen. Dann liegen wir am Traumstrand in der Hängematte und entkommen den Gedanken und der nervösen Unruhe, die uns antreibt, nicht. Dann versuchen wir uns abzulenken oder beruhigen uns mit Essen, Fernsehen, einem Glas Wein oder anderem Konsum, der uns aber nicht wirklich beruhigt oder unsere Bedürfnisse stillt. Es ist eher eine schnelle Ersatzbefriedigung als ein wahrhaftes inneres Ankommen. Dann sind wir süchtig nach der schnellen Befriedigung – und lassen nicht zu, dass nachhaltig Ruhe und Gelassenheit entstehen können. Und das ist verständlich: Wenn wir nicht die Erfahrung gemacht haben, dass wir auch anders runterfahren und uns sicher fühlen können, dann greifen wir auf die altbewährten Methoden zurück, die oberflächlich funktionieren können – aber langfristig mehr Nachteile haben. Denn oftmals drücken wir den Stress und unsere Gefühle damit weg – und sind noch mehr unter Anspannung, wie ein Dampfkessel, auch wenn wir an der Oberfläche chillen. Um in eine tiefe Ruhe zu kommen, bedarf es eines Zulassens und Anerkennens, dass auch Gefühle an die Oberfläche kommen. Ja, es kann sein, dass du in der Ruhe und Entspannung weinst, weil sich etwas entlädt, was dann erst ein Ventil findet. Aber es ist gut so, es darf sich lösen.

Inneres Ankommen

So können auch die Rauhnächte zwar den äußeren Rahmen der Ruhe und inneren Einkehr schaffen, aber wir dürfen selbst dafür sorgen, dass wir auch wirklich unseren unruhigen Geist herunterfahren. Dabei ist es wichtig, sich selbst auch im Moment verlieren zu dürfen. Du kennst das Gefühl, wenn du in einer Tätigkeit wie dem Klavierspielen, einer Wanderung in der Natur oder beim Kochen aufgehst - und zwar auch tust, aber dabei nicht denkst.

Wir brauchen diese Verbindung und die Hingabe als weibliches Prinzip, weil in diesen Momenten Raum dafür entsteht zu erschaffen. Dann kommen uns die Ideen, die wir für unser Leben oder unsere Arbeit brauchen. Dann hören wir unsere innere Stimme und können besser unserer Intuition folgen. Dann bekommen wir auch die Energie, die wir benötigen, um unser Leben zu erschaffen.

Doch oft wird mehrheitlich in unserer Gesellschaft eher gelobt, wer sich verausgabt. Das Dauer-aktiv-und-im-Verstand-Sein ist das überstrapazierte männliche Prinzip. Es ändert sich auch viel in den Denkweisen, aber langsam. Entscheide mit: Möchtest du Sprichwörter wie »Wer rastet, der rostet« glauben und annehmen?

Aus der Quelle schöpfen:
Die Weisheit der weiblichen Energie

Ruhe in dir

Lass sanft die Kontrolle über das los, was du nie steuern konntest. Du bist sicher und gehalten. Lass zu, wie du weicher, fließender und entspannter wirst. Spüre, wie federleicht es sich anfühlt, wenn du dir mehr Raum und Weite schenkst. Erlaube deinem Körper, nichts mehr in der Anspannung zu halten.

Lass los, was du nicht mehr ändern kannst. Lass los, was nicht zu dir gehört. Gib alle Kämpfe auf, die du nicht gewinnen kannst. Lass die Gedanken ruhen, sie halten dich nur gefangen. Atme tief und lange aus.

Dein Körper dankt dir so sehr. Dein Geist ist erleichtert. Und deine Energie hat eine Chance, sich neu zu sammeln. Du wirst beschenkt für deinen Mut, tiefer und tiefer zu entspannen. Du wirst sehen und fühlen.

Arten der Ruhe

Die amerikanische Ärztin Dr. Saundra Dalton-Smith hat ein sehr interessantes Buch darüber geschrieben, dass es verschiedene Arten der Ruhe bzw. Erholung gibt: körperliche, emotionale, kreative, spirituelle, sinnliche, geistige und soziale.[6] Das bedeutet, dass wir auf verschiedenen Ebenen Pausen oder Entspannung brauchen: Der Körper sollte die Chance bekommen, mal komplett zu entspannen und zu ruhen, Emotionen sollten authentisch geäußert werden können, die Reizüberflutung darf mal zurückgenommen werden, und wir können gemeinsam oder allein die Seele baumeln lassen – und dabei den Geist von all den Gedanken entlasten und ihn auf eine Sache fokussieren. Dafür braucht es oft nur kleine Pausen zwischendurch, die diese Bedürfnisse erfüllen. In dieser Rauhnachtsreise werden wir alle Bereiche der Ruhe erleben und so Tag für Tag und Nacht für Nacht ein wenig mehr in deinen ureigenen Zustand der vollständigen inneren Ruhe eintauchen.

Besonders sensible Frauen, die viel wahrnehmen und deren Sinne geschärfter sind, brauchen mehr Ruhe als andere, um alle Eindrücke auf der feinstofflichen Ebene zu verarbeiten: Energien, Klänge, Farben – du kannst sie intensiv wahrnehmen, was ein großes Geschenk ist. Unangenehme Geräusche und Dauersensibilisierung können aber Stress und echtes Unwohlsein auslösen. Wichtig ist deshalb, sich ein ruhiges Arbeits- und Wohnumfeld zu erschaffen sowie Bewegungs- und Achtsamkeitsroutinen, die in die Ruhe führen.

Dein Weg in die Stille

Was dich unterstützen kann, ist die Meditation oder die Rückbesinnung auf den Atem, der so eine großartige Kraft für dich ist. Denn mit dem Atem können wir uns in den Moment holen, zu uns selbst, und uns erlauben, innezuhalten. Durch den bewussten Atem erschaffen wir uns wieder Raum und kommen aus der bedrückenden Enge heraus. Er ist auch ein guter Wegweiser, denn wir erkennen an seinem Fluss, ob wir gestresst sind (also flach und eher im oberen Bereich durchatmen) oder ob der Atem mehr Raum und Ruhe bekommt und sich ausdehnen, entspannen, niederlassen darf und auch den Bauchraum ausfüllt. Oft atmen wir nicht tief genug, dabei ist Atmen auch Kraft und sollte unseren ganzen Körper erreichen.

Atembetrachtung

Beobachte heute mal ab und zu deinen Atem: Wann ist er schneller, wann langsamer, wann tiefer, wann im Bauch, wann mehr in der Lunge spürbar? Du kannst jetzt gleich beim Lesen einfach reinspüren, wie der Atem ganz von allein kommt und geht. Mit geschlossenen oder offenen Augen. Der Einatmungsimpuls entsteht automatisch. Du ziehst frische Luft und damit Energie durch die Nase in den Körper. Und wenn du dann ganz genau aufpasst, wirst du feststellen, dass danach eine klitzekleine Pause entsteht. Komplette Stille. Dann folgt der Ausatmungsimpuls, und die verbrauchte Luft darf deinen Körper verlassen. Kannst du die kleine, stille Pause zwischen Ausatmen und Einatmen wahrnehmen? Da ist nichts. Völlige Leere, unendliche Ruhe. Vielleicht fühlt sich das erholsam an? Wenn du magst, bleib noch ein paar weitere Atemzüge dabei. Ist es nicht ein beruhigendes Gefühl, zu vertrauen, dass der Atem kommt und geht? Von allein, du brauchst nichts zu kontrollieren, optimieren oder beachten. Es geht nur darum, sich bewusst zu machen, dass du deinen Atem mit offenen und geschlossenen Augen beobachten kannst und dabei automatisch innehältst. Wer seiner Unruhe standhält, kommt in die Stille.

Die Rauhnächte sind die beste Zeit im Jahr, um mit dieser inneren Ruhe bewusst in Kontakt zu kommen, damit wir erfahren, wie sich das überhaupt anfühlt. Und damit wir diesen Zustand auch immer wieder im Alltag erleben dürfen, bestenfalls jeden Tag.

Denn es ist ganz einfach: Wenn wir dauerhaft ungesundes Essen zu uns nehmen, wirkt sich das unweigerlich auf unseren Körper aus. Wenn wir dauerhaft in Stress, Unruhe und Angst leben, wirkt sich das unweigerlich auf unsere mentale Gesundheit aus. Das Gute daran ist, dass es in unserer Hand und auch Verantwortung liegt, für uns selbst zu sorgen. Und dass es mittlerweile sehr viele zugängliche Methoden und Übungen von Breathwork bis Qigong gibt, um sich selbst immer wieder an den Ort der Ruhe zu führen, bis wir den Weg automatisch immer wieder dorthin finden. Zu uns selbst, in den natürlichen Zustand des Seins. Dafür brauchen wir nirgendwo hinreisen. Wir können dort bleiben, wo wir sind und tiefer eintauchen in unser Sein.

Verbinde dich mit der Ruhe in dir

Der heutige Tag darf für dich ein lockeres Experimentierfeld sein, um herauszufinden, was dich mit der Ruhe in dir verbindet. Und dabei ist es erst einmal zweitrangig, was im Außen in deinem Umfeld passiert. Es geht um deine innere Ruhe. Und die könntest du theoretisch auch auf einem Techno-Festival finden. Allerdings ist das schon eine ganz schöne Herausforderung. Deswegen starten wir in den Rauhnächten, weil die Welt insgesamt zur Ruhe kommt und es für dich einfacher wird, den Rahmen zu finden, in dem du bei dir ankommst.

Besonders am Jahresende, im Winter, kann es sein, dass wir erschöpft sind und uns einfach nur ausruhen wollen. Das ist wichtig und super. Aber mit innerer Ruhe ist noch etwas anderes gemeint. Es geht darum, Frieden zu finden und zu schließen mit dem, was war und ist. Es geht darum, sich zu erlauben, alles mal ruhen zu lassen, was einen sonst antreibt. Dabei möchte ich dich mit einfachen Ideen unterstützen.

Als Erstes ist mein Angebot, dass du dir die geführte Meditation »In die Ruhe finden« von mir anhörst. Du findest einen QR-Code zu einem kostenlosen Download-Bereich im Anhang (Seite 259), wo du die Meditation einfach abspielen kannst. Sie soll dich unterstützen, um in eine Grundruhe zu finden. Natürlich kannst du diese immer wiederholen.

Die Meditation ist ein bewusstes Übungsfeld, das dich im Leben unterstützen soll. Geführte Meditationen, die ich dir hier anbiete, sind ein toller Einstieg. Wundervoll können aber auch stille Meditationen sein, weil du nicht aufmerksam zuzuhören brauchst und in eine tiefe Stille kommst. Es kann sein, dass du dieses Gefühl bald erlebst oder es etwas dauert. Ich finde es schön, wenn Meditation keine Pflichtübung ist, sondern dass du diese Momente mit dir selbst lieben lernst und im Inneren deinen Raum entdeckst.

Mein Tipp ist: Kämpfe nicht gegen dich und deine Gedanken an. Lass alles da sein, ändere nur deinen Fokus. Das ist im Bereich der Achtsamkeit der Schlüssel: Du erkennst die Beobachterin in dir und lenkst bewusst deine Aufmerksamkeit auf etwas, was dich mit der Gegenwart verbindet wie eine Brücke in die Stille. Nimm den Körper und den Atem wahr, nicht die Gedanken und wechselnden Gefühlslagen, die sich ändern wie das Wetter. Und: Bewerte nicht deine Meditation. So oft schon habe ich von Frauen in meinen Meditationsretreats gehört: »Das war jetzt nichts. Ich habe die ganze Zeit nur gedacht. Ich war müde, mir war langweilig.« Wenn wir Erwartungen an unsere Meditationsübung knüpfen, dann wenden wir auch hier den Perfektionismus und die Kontrolle an. Wir reden uns ein, dass wir nicht gut genug sind. Eine interessante Beobachtung. Dabei war es schon gut genug, sich einfach für ein paar Minuten hinzusetzen und sich selbst zu beobachten. Also, sei bitte nicht hart zu dir. Meditation ist kein Geheimnis, keine Wissenschaft, keine Kunst. Sie ist deine Erfahrung und immer wertvoll. So wie du.

Und damit wir von vornherein nicht Meditation aus dem Leben ausklammern – und diese Zeit vielleicht dafür nutzen, der Realität zu entfliehen, mit geschlossenen Augen abzuschalten, sondern im Gegenteil: eine Tür in uns öffnen, die das Leben intensiver macht –, versuche dich immer mal wieder in einen meditativen Zustand zu bringen. Das kann man überall und sogar nebenbei. Dies sind meine Ideen für dich:

- Nimm deinen Atem bewusst wahr. Es reicht, sich für ein paar Atemzüge auf den natürlichen Fluss einzulassen, dem Atem Raum zu geben – bis du dich wieder ruhiger fühlst. Du kannst die Augen dabei schließen oder geöffnet lassen.
- Schaue für einen Moment absichtslos in die Natur. Und das kannst du überall: Schaue in den Himmel, auf einen Baum, auf ein Tier. Beobachte einfach, bis du das Gefühl hast, dass die Gedanken ruhiger werden. Besonders Bäume strahlen Ruhe aus.
- Gehe ein paar Schritte bewusst und spüre dabei einfach die Füße auf dem Boden. Sonst nichts.
- Verweile an einem stillen Ort und lass dich mit in die Stille nehmen. Das kann in der Natur sein, aber auch an besonders heiligen oder lärmgeschützten Plätzen wie einer Kirche oder dem Ruheraum in der Sauna.
- Schüttele deinen ganzen Körper durch und stelle dir vor, dass dabei alles von dir abfällt, was dir noch

auf den Schultern lastet (und überall sonst). Mache dies so lange, bis du dich von Kopf bis Fuß freier fühlst. Und dann spüre mit geschlossenen Augen nach.

- Nimm dir dein Tagebuch und schreibe auf, was dich bewegt und belastet. Wenn du aktuell keine Lösung dafür hast oder finden kannst, dann leg den Zettel in eine Box und vertraue, dass es sich irgendwie und irgendwann lösen wird. Oder dass du dich später damit auseinandersetzt.

Dein Geschenk für den Alltag

Hast du heute wahrgenommen, was dich im Laufe des Tages in die innere Ruhe bringt – egal, was im Außen los ist? Ist es eine kleine Meditation? Oder die Atembetrachtung? Oder die Beobachtung der Natur? Was immer es ist, versuche es, für dich beizubehalten. Schreibe es dir auf, damit du dich erinnerst, wie du immer wieder zur Ruhe und damit zu dir selbst zurückfindest. Und wenn noch nichts dabei war, bleib gelassen und geduldig. Forsche weiter, bis du deinen Weg in die Ruhe findest.

DIE ZWEITE RAUHNACHT

26. DEZEMBER

Verbundenheit spüren

Monat im kommenden Jahr: Februar
Fokus auf: Mit der Kraft von allem verbinden
Tagesmotto: Ich bin verbunden, gestärkt und unterstützt
Wiederkehrende Rituale: Wunsch verbrennen, (Traum-)Tagebuch, Orakelkarte ziehen, Räuchern
Impulse des Tages: Alles-ist-eins-Übung, Elemente der Natur, Meine Menschen & Ich

In der Dunkelheit, an schweren Tagen können wir uns einsam fühlen – egal, wie viele Menschen und Tiere um uns herumwuseln. Das innere Gefühl von Einsamkeit ist unabhängig davon, wie viel um uns herum passiert und mit wem wir zusammen sind. Aber es ist immer eine Illusion.

Wir sind immer verbunden – und dies können wir nicht mit dem Verstand greifen und nicht mit den Augen im Außen sehen, aber wir können es fühlen. So wie wir uns in einem Raum wohl oder unwohl fühlen. Möglicherweise fällt es dir bereits leicht, deine Wahrnehmung dafür zu öffnen und zu begreifen, dass die Illusion der Trennung nicht real ist und Leid erschaffen kann. Wenn wir uns getrennt fühlen, dann fühlen wir uns allein und isoliert. Wenn wir uns getrennt fühlen, können wir andere hassen und ihnen Schuld zuweisen. Wenn wir uns getrennt fühlen, sind wir nicht in Frieden und Harmonie.

Wenn wir uns aber alle darauf besinnen könnten, dass das Leben aus Verbindungen besteht, die sich gegenseitig beeinflussen – dann würden wir viel mehr die eigentlichen Zusammenhänge erkennen, und es würde keine selbst kreierten Trennungen wie Kämpfe mehr geben. Diskriminierung und Ausgrenzung sowieso nicht. Dann würden wir die Natur respektieren, anstatt sie zu zerstören. Dann wären wir in Frieden und Einheit mit uns selbst und allen anderen Wesen. Denn wir wüssten: Alles, was wir anderen antun, tun wir uns selbst an.

Verbindungen und Energien wahrzunehmen ist für mich einer der zentralen Bestandteile von gelebter und moderner Spiritualität. Und falls du dieses Gefühl noch nicht kennst oder vertiefen möchtest, dann lass diesen Tag dieses Motto haben.

Wir alle sind spirituell, weil wir unweigerlich verbunden sind, weil wir aus derselben Quelle stammen. Für mich ganz persönlich ist diese Quelle losgelöst von jeglicher Religion, die oftmals auch wieder Trennung durch Dogmen und Abgrenzungen zu anderen Religionen erschafft. Es geht für mich nicht um Regeln, die von Menschen gemacht sind. Es gibt für mich eine allgemeingültige Ethik, die Tugenden wie Mitgefühl, Ehrlichkeit und Respekt einschließt. Und auch Grundgesetze, aber die sind für uns unveränderlich und für alle gleich: Es gibt das Gesetz der Erdanziehung, das dafür sorgt, dass wir immer und überall mit der Erde verbunden sind, wenn wir in ihrem Feld sind.

Damit meine ich, dass es wichtig ist, sich selbst im Gefüge der Welt zu verstehen. Unsere äußere Welt entsteht aus uns heraus, und wieder umgekehrt. Das bedeutet auch, dass wir alle eine Verantwortung und auch eine Wirkung in der Welt durch unser Handeln und Sein haben – ob bewusst oder unbewusst.

Der erste Schritt zur Einsicht ist erst einmal, anzuerkennen, dass du auf dieser Welt lebst und ein wichtiger Teil davon bist. Auch wenn du zu einer großen Masse gehörst, bist du einzigartig und besonders. Dich gibt es nur einmal, und deswegen ist es schön, wenn du so sein kannst, wie du dich fühlst. Du bist verbunden – und darin frei, du selbst zu sein. Wie wäre es, heute bewusster als sonst mit diesem Gefühl zu leben? Das ist alles!

Alles-ist-eins-Übung

1. Schließe deine Augen und finde die Verbindung zu dir und deinem Körper. Spüre den Kontakt zur Sitzfläche. Nimm deinen Atem wahr, wie er zuverlässig und von selbst fließt. Erkenne in diesem Moment an, dass der Körper automatisch für dich arbeitet und dich immer im Hier und Jetzt

verankert. Vielleicht schenkt dir dies das Gefühl von Vertrauen.

2. Verbinde dich über deinen Körper mit der Erde. Nimm wahr, dass du getragen und gehalten bist. Um das Gefühl zu intensivieren, kannst du dich mit jedem Ausatmen ein wenig mehr in die Erde einsinken lassen und andocken. Stell dir vor, dass Wurzeln in die Erde wachsen. Sie verankern dich, und gleichzeitig fließt nährende Energie zu dir. Über die Wurzeln kannst du auch loslassen, was du nicht mehr brauchst.
3. Wenn du dich mit deinem Körper und der Erde verbunden fühlst, öffne deine Wahrnehmung und stell dir vor, wie du Teil des Ganzen bist: an deinem Wohnort, mit allen Menschen und Tieren, der Natur und der ganzen Erde. Dass du aus dem gleichen Material gebaut bist.
4. Verweile einen Moment in diesem Gefühl. Dann versuche es am Tag immer wieder abzurufen - bei allem, was du machst. Beobachte, welche positiven Gefühle es dir gibt. Und schaue auch, wo du Trennung erlebst oder erschaffst. Dann frage dich: Wie kann ich durch das Gefühl der Verbindung eine neue Perspektive wählen?

Die Natur als Kraftquelle

Um das Gefühl der Verbindung zu intensivieren, ist die Natur ein guter »Übungsort«. Wenn wir uns wahrhaftig auf unsere natürliche Umgebung einlassen und nicht nur gestresst und abgeschirmt durchspazieren (und das geht auch in der Stadt, denn wir haben zum Beispiel immer den Himmel, Bäume und den Erdboden), dann erkennen wir die Natur auch als Kraftquelle. Ohne Wasser und Sauerstoff können wir nicht überleben. Diese Wertschätzung und damit auch Verbindung neu zu entdecken ist ein Geschenk.

Oft gehen wir durch unsere Kleidung isoliert und geschützt in die Natur. Das ist okay, denn es gehört zu den Annehmlichkeiten des modernen Lebens, dass wir nicht mehr Kälte und Regenschauern schutzlos ausgeliefert sind. Der Preis ist aber auch Trennung und Isolation von der Natur. Dabei kann es sich für uns sehr schnell anders anfühlen, wenn wir nach draußen gehen und frische Luft atmen, wenn wir barfuß über den Boden laufen oder wenn wir uns in warmes (oder eiskaltes) Wasser legen. Ja, und auch wenn wir uns mal für einen Moment anschneien oder den Wind ins Gesicht pusten lassen. Wenn wir uns auf die Wurzeln eines Baums setzen und dabei »dreckig« werden.

Manchmal kann es sein, dass Angst vor möglichen Gefahren uns abhält oder auch der Gedanke: Was denken denn die anderen, wenn ich mich hier so mit dem Rücken an einen Baum lehne, um aufzutanken? Es liegt einfach an der Macht der Gewohnheit. Und weil wir uns erst wieder mit der Natürlichkeit vertraut machen. Straßenverkehr kann gefährlicher sein als ein dunkler Wald, aber meist können wir uns da besser orientieren, weil wir die Regeln in der Schule gelernt haben. Wir verbinden mit Wäldern gruselige Bilder, die uns Filme suggeriert haben, und kennen uns nicht aus. Als Menschen sind wir nie so heimisch wie Tiere, die ihre Sinne auch in der Nacht zur Orientierung nutzen können.

Es ist besonders wichtig, dass wir uns mit Selbstverständnis mit der Natur rückverbinden, um auch die Natur in uns wiederzuentdecken – und dass wir Teil des ewigen Kreislaufs sind. Das kann uns neu erden, uns Vertrauen schenken und Glücksgefühle auslösen. Es darf uns zum Beispiel auch mit den Jahreszeiten versöhnen und dafür sorgen, dass wir das Gute aus jeder Phase und Wetterlage ziehen.

Ich habe eine Sehnsucht nach Sonne in mir und liebe es so sehr, wenn die Sonnenstrahlen meine Haut wärmen und alles hell-freundlich erscheinen lassen. Aber genauso schön kann es für mich sein, die dunklen und kalten Tage des Jahres für die Innenschau und wirkliches Ausruhen zu genießen. Es ist okay, auch mal nichts zu tun. Es ist sogar wichtig, dass wir Momente ohne Aufgabe genießen können, wie wir schon gelernt haben. Auch wenn es uns sinnlos vorkommt, macht es Sinn. Und dann gibt es in unserer Klimazone die Übergangsjahreszeiten Frühling und Herbst, die uns vorbereiten: auf die Öffnung ins Leben, auf das Neue und eben auf den Abschluss und den Rückzug. Und so ist es auch natürlich, dass wir im Winter generell weniger Energie haben als im Sommer. Je weniger wir dagegen ankämpfen und dies akzeptieren, umso leichter wird es. Wir sind keine Roboter im Überlebensmodus, sondern menschliche Wesen im Lebensmodus.

Aus der Quelle schöpfen: *Die Weisheit der weiblichen Energie*

Du bist verbunden!

Spürst du es? Der Körper ist für dich das Eintrittstor zu deiner inneren Verbindung, die so kostbar ist. Erobere dir diese Verbindung zurück.

Wir Frauen wurden von unseren Körpern getrennt. Wir wurden beschämt und beschuldigt. Das endet jetzt mit deiner Entschlossenheit, dich anzunehmen und dich aus dem tiefsten Gefühl zu lieben!

Lass dir damit Zeit und denke nicht, dass du gebrochen bist. Alles, was es braucht, ist deine liebevolle Zuwendung zu dir, deinem Körper und deinem Wesen.

Lege eine Hand auf dein Herz und sage dir: Ich bin hier. Fühle dabei, wie dieses Gefühl durch deinen Körper fließt und alles in dir wieder verbindet, damit du nicht nur einen Körper hast, sondern ihn wirklich verkörperst und bewohnst. Das ist wichtig, es ist eine stille Revolution.

Die Kraft der Verbindung ist die Basis für alle anderen Verbindungen. Erinnere dich an deinen Ursprung. Erinnere dich, dass du die Weisheit besitzt, zu erschaffen und die Wahrheit zu sehen. Erinnere dich, wer du bist, und lebe es, damit die Trennung als Illusion erkannt wird.

Alle Elemente in uns

Wenn du heute nach draußen gehst, dann versuche, dich bewusst mit allen vier Elementen Luft, Erde, Feuer und Wasser, die es in der Natur und auch in dir gibt, zu verbinden. Meine Ideen für deine Naturverbindung sind:

- Luft: Schaue für ein paar Momente ganz bewusst in den Himmel. Lass dich auf den unendlichen Raum ein. Und spüre die Weite und Freiheit auch in dir. Entlasse dich aus der Enge und versuche wahrzunehmen, dass es einen Raum der Möglichkeiten gibt – immer. Atme tief durch.
- Erde: Spüre die Füße auf dem Boden und nimm die Erdanziehung wahr. Du kannst nicht von der Erde fallen. Sie sorgt dafür, dass du gehalten und getragen wirst. Schließe für einen Moment deine Augen und stelle dir vor, dass du dich verwurzelst

oder dass unter deinen Fußsohlen Magnete sind, die dich in den Boden ziehen. Fühle, ob und was dir die Verbindung gibt: Kraft und Stärke?

- Wasser: Suche dir eine Wasserquelle in der Nähe (möglichst fließend) und betrachte sie einen Moment. Falls es regnet oder schneit: wunderbar! Dann beobachte dies und nimm die reinigende Kraft wahr. Wasser unterstützt uns dabei, loszulassen, uns von innen und von außen zu reinigen. Je nach Temperatur können wir entspannen (in der Badewanne) oder uns energetisieren (beim Eisbaden). Stell dir vor, wie das Wasser dich von innen klärt und reinigt, indem der Wasserfall, Bach, Fluss auch durch dich fließt und alles mitnimmt, was du nicht mehr brauchst, und die Zellen mit frischer, neuer Energie geflutet werden.
- Feuer: Falls die Sonne scheint, stelle dich einen Moment in das wärmende Licht, bis du dich im Inneren aktiviert und belebt fühlst. Alternativ kannst du dich auch am Kamin oder Lagerfeuer wärmen und die Kraft des Feuers wahrnehmen. Oder zünde eine Kerze an und verbinde dich mit der Wärme und dem Licht. Stell dir vor, dass du dich selbst »befeuerst« – damit meine ich, dass du die Energie und das Licht in dir spürst und dir vorstellst, dass es alle deine Ideen und Wünsche aktiviert, damit du sie sehen und leben kannst. Sex und Tanz können dieses Gefühl von befeuert sein, von innerer Hitze unterstützen.

Extra-Idee: Wenn du magst, finde ein Symbol für jedes Element, etwa einen Stein für Erde, eine Kerze für Feuer, Wasser aus deiner Lieblingsquelle oder eine Feder für Luft, und schmücke damit deine Rauhnachts-Ecke.

Die Menschen in meinem Herzen

Die Menschen, mit denen wir die meiste Zeit im Leben verbringen, prägen uns. Vielleicht kennst du das: Wir passen uns mit unserer Sprache und den Gewohnheiten an. Wir übernehmen Denkweisen, und wir lassen uns von neuen Ideen inspirieren. Wir sind mit ihnen so verbunden, dass wir uns bestenfalls gesehen und unterstützt fühlen. Der Klebstoff für gute Verbindungen ist tiefes Vertrauen und bedingungslose Liebe. Und Geben und Nehmen ist bestenfalls ausgeglichen.

Ob uns die Beziehungen guttun, können wir zum Beispiel daran erkennen, wie wir uns nach einem längeren Kontakt in der Regel fühlen: unsicher, ausgelaugt, mit negativen Gedanken belastet und müde? Oder inspiriert, motiviert, positiv bestärkt und belebt?

Auch wenn wir mit allem und jedem verbunden sind, haben wir die Wahl zu entscheiden, mit welchen Menschen wir bewusst unsere Zeit verbringen (vor allem im Privaten und in der Freizeit). Sei dir gern darüber im Klaren, dass du Grenzen ziehen darfst und dass du entscheidest, mit wem du die intimsten Themen in deinem Leben teilst. Das ist wichtig, wenn es um deine tiefsten Wünsche und Ideen geht. Oder auch Liebes- und Finanzangelegenheiten. Achte darauf, dass diese Themen und damit auch du selbst nicht bewertet werden, sondern dass du liebevoll in deinem Wachsen und Erkennen unterstützt wirst und Feedback immer wertschätzend und zu deinem Besten ist. Nimm Ratschläge bestenfalls nur von Menschen an, die auf dem bestimmten Gebiet wirklich mehr wissen als du oder schon so leben, wie du es dir wünschst. Und mache trotzdem immer deine eigene Recherche.

Erkenne, dass du auch Freundschaften, selbst wenn sie schon seit Jahren bestehen, in Liebe auflösen darfst. Wenn wir uns weiterentwickeln und uns entscheiden, ein bewussteres Leben zu führen, wenn wir wachsen und Verantwortung für uns selbst übernehmen, kann es sein, dass wir an einem Punkt nicht mehr zu allen Menschen in unserem Leben passen – vor allem zu denen, die oft als Erwachsene ein unreifes Verhalten zeigen (u. a. lästern, beleidigt und neidisch sind), bei denen die Handlungen nicht zu ihren Worten passen oder die nicht bereit für inneres Wachstum sind.

Wir dürfen und sollten sogar den Kontakt mit Menschen, die uns nicht so sehen und akzeptieren, wie wir sind, und uns nicht positiv stärken sowie konstruktiv Feedback geben, zu unserem (geistigen) Wohl reduzieren oder ganz auflösen. Vor allem, wenn uns die Verbindung mehr Energie nimmt als gibt. Und habe bitte keine Bedenken, dass du dann mit wenigen oder gar keinen Kontakten mehr in deinem Leben interagierst. Um in die

Tiefe zu gehen und eine Qualität in unseren Verbindungen zu halten, braucht es nicht viele enge Beziehungen. Es reichen einige wenige Menschen, von denen einer du selbst bist. Und wenn wir einen Platz frei machen, kann jemand Neues nachrücken. Das ist oft für beide Seiten das Beste, nicht nur für dich.

Wenn du möchtest, nimm dir heute einen Moment, spüre in dein Herz und verbinde dich im Inneren mit den Menschen (und Tieren), die gefühlt am nächsten an deinem Herzen sind. Magst du die Namen auch in dein Tagebuch schreiben? Das können auch Menschen sein, die verstorben sind, denn die Verbindung endet nicht mit dem Tod. Oder Menschen, die noch in dein Leben kommen dürfen. Du kannst ein liebendes Band aus der Gegenwart in die Zukunft spannen. Stell dir jeden Einzelnen vor und erinnere dich, was du an ihnen am meisten schätzt. Schicke ihnen Dankbarkeit und Liebe. Oder schreibe es auf. Entscheide selbst, ob du ihnen die Worte und Gedanken zukommen lässt – sie erreichen die Menschen sonst auch von Herz zu Herz.

Am Ende stelle dir vor, dass du dir selbst begegnest und schaue, welche Tugenden und Werte du in Freundschaft lebst, zum Beispiel Respekt, Freundlichkeit und Mitgefühl. Und schaue auch darauf, wie und ob du für dich selbst da bist. Du kannst dich zusätzlich fragen:

- Habe ich ausreichend Zeit für mich selbst?
- Bin ich gern mit mir allein?
- Was mache ich am liebsten in der Zweisamkeit mit mir?

- Welche Aktivitäten und Momente teile ich gern mit anderen?
- Wie kann ich meine bestehenden Beziehungen intensivieren?
- Welche Verbindungen wünsche ich mir noch in meinem Leben? Und wie genau dürfen diese aussehen?

Deine innere Verbindung

Der wichtigste Kontakt, den du im Leben hast, ist der zu dir selbst. Mit niemandem wirst du bis zum letzten Atemzug mehr Zeit verbringen. Sich dies einmal bewusst zu machen, ist entscheidend, und dies werden wir noch in der zehnten Rauhnacht vertiefen (Seite 213).

Es ist manchmal nicht so einfach, weil wir mit uns selbst oft kritischer sind als zu anderen. Weil wir es nicht lernen, uns selbst zu lieben, und weil wir in so vielen Filmen und Geschichten gesehen und gehört haben, dass wir nur in Kontakt mit anderen wirklich erfüllt und glücklich sein können. Mit sich sein wird oft als Mangel, vorübergehender Zustand oder als komisch dargestellt, vor allem bei Frauen. Es geht aber gar nicht darum, nicht in Beziehung zu sein. Es geht auch nicht um sozialen Rückzug, aber es geht darum, dich und deine innere Welt zu entdecken, dich so gut zu kennen und mit dir so im Reinen zu sein, dass du gern mit dir Zeit verbringst, dass du dich in deinem Körper zu Hause fühlst und weißt, wer du wirklich bist (jenseits aller Prägungen).

Deine innere Welt wird sich im Außen widerspiegeln. Das bedeutet, je besser der Kontakt zu dir selbst ist, desto gelassener wirst du, desto intensiver kannst du dein eigenes Leben und die Beziehungen zu allen anderen leben.

Der Weg zu dir selbst kann Zeit brauchen. Und du brauchst diese Schritte auch nicht allein zu gehen – du kannst dir u. a. dabei Unterstützung aus deinem Freundeskreis, von integren Coaches, modernen Therapeut:innen, die bestenfalls auch den Körper und das Fühlen in den Transformationsprozess integrieren, holen. Es kann eine Weile dauern, bis ganz sanft alle Schichten abgetragen sind und du dich mit dir im Reinen und frei fühlst, deine negativen Gedanken, die wiederum negative Gefühle produzieren, weniger werden. Fürs Erste versuche einfach, den inneren Dialog mit dir noch freundlicher und sanfter zu gestalten. Das bedeutet konkret, dass du die Stimmen/Gedanken/Bilder in dir beobachtest – und dann entscheidest, was deine ureigene innere Wahrheit ist und was eher von anderen übernommen ist oder durch Glaubenssätze geprägt ist (»Ich bin nicht genug« oder »Ich bin nicht geliebt«). Lass das, was du nicht annehmen magst, weiterziehen und rede liebevoll mit dir (»Du bist geliebt und immer genug. Du gibst dein Bestes.«). Damit nimmst du vermutlich auch viel Druck raus, den wir uns oft selbst machen. Jetzt kannst du dir ganz sanft erlauben, nur zu sein und die Zeit der Besinnung zu genießen.

Dein Geschenk für den Alltag

Suche dir heute ein Symbol aus (zum Beispiel ein Armband, einen Stein, ein Bild, einen selbst geschriebenen Sinnspruch als Notiz für den Kühlschrank oder Spiegel), das dich daran erinnert, dass du in jedem Moment verbunden bist: mit dir, mit deinen Liebsten, mit Tieren, mit der Natur und mit allem, was ist. Dies soll dir Kraft geben und dich erinnern, wann immer du das Gefühl hast, den Kontakt verloren zu haben.

DIE DRITTE RAUHNACHT

27. DEZEMBER

Im Körper ankommen

Monat im kommenden Jahr: März
Fokus auf: Erdung und weibliche Urkraft spüren
Tagesmotto: Ich bin stark, wenn ich geerdet bin
Wiederkehrende Rituale: Wunsch verbrennen, (Traum-)Tagebuch, Orakelkarte ziehen, Räuchern
Impulse des Tages: Erdung verstärken, Journaling zum Thema Körper

Wenn wir den Geist beruhigen wollen und Verbundenheit spüren möchten, geht es auch immer darum, den Körper mit in die innere Einkehr zu nehmen und ihm etwas Gutes zu tun. Das betrifft aber nicht nur Wellness oder eine Wärmflasche, sondern die Beziehung zu unserem Körper.

Als ich mich auf den Weg machte, eine weise, selbstbestimmte, bewusste und intuitive Frau zu werden, habe ich nach vielem gesucht, aber gefunden habe ich oft andere Erkenntnisse. Besondere Geschenke waren die, von denen ich gar nicht ahnte, dass es sie gibt. Eins davon war die Bedeutung des Körpers auf dem Weg. Wir alle wissen, dass es wichtig ist, den Körper gut zu nähren, zu pflegen und in Bewegung zu halten. Guter Schlaf und gesunde Sexualität sind genauso wichtig. Und man hört immer öfter, wie wichtig es ist, geerdet zu sein. Doch das alles blieben für mich nur Hinweise, bis ich ein Gefühl für meinen Körper bekam und ihn wirklich kennenlernte und eine Liebesbeziehung zu ihm aufbaute.

Mir wurde in der Tiefe bewusst, wie wichtig es ist, unseren Körper als Tempel zu verstehen, als Heimat für unser Sein, und ihn wirklich zu bewohnen, um ein Zuhause und völlige Ruhe zu finden. Diese tiefe Verbindung zu meinem Körper habe ich erst durch die Bereitschaft, mich noch einmal wahrhaftig kennenzulernen, erhalten.

Deswegen ist diese Rauhnacht ganz dem Thema Körper gewidmet und wie du ihm (und damit dir) etwas Gutes tun kannst, wie du den Auftakt für eine liebevolle, mitfühlende und stärkende Verbindung auf deine Weise erschaffst - ein wirklich zentrales Thema. Egal, was du tust, bitte betrachte dich und deinen Körper in einer harmonischen, liebevollen Beziehung oder gehe den ersten Schritt in diese Richtung.

Ich und mein Körper

Zum Einstieg kannst du den Kontakt mit deinem Körper aufnehmen und ihn wahrnehmen, wie er im Moment da ist - ohne zu bewerten. Suche also nicht nach Verspannungen oder vermeintlichen Makeln, sondern erkunde dich durch die Wahrnehmung. Schließe deine Augen und spüre den Körper von innen in der Gesamtheit. Es kann sein, dass du dafür einen Moment brauchst, um in dieses Gefühl zu kommen. Wenn du merkst, dass du mit deinem Körper gut verbunden bist, dann schicke erst einmal nur ein gutes Gefühl hinein – aus deinem Herzen in alle Zellen. Stell dir vor, dass dein Körper ein Gefäß ist und du es mit dem Gefühl füllen kannst, das du gern möchtest: Freude, Liebe, Wärme. Hilft es dir, wenn du dir eine Farbe vorstellst, die du im Körper verteilst? Und öffne deine Augen erst wieder, wenn du dich besser als vorher fühlst.

Dann kannst du folgende Fragen für dich reflektieren – oder, wenn dir das stimmig vorkommt, deinen Körper direkt lautlos in einem inneren Dialog fragen:

- Welche Beziehung habe ich aktuell zu meinem Körper? Und wie könnte ich diese noch liebevoller gestalten?
- Wie spüre ich meinen Körper und wann vor allem? Und wann nicht?
- In welchen Momenten fühle ich mich wohl in meinem Körper? Und wann nicht?
- Was könnte meinem Körper heute sehr guttun?

Selbstannahme

Wenn es um das Thema Weiblichkeit und Körper geht, haben wir alle unsere Erfahrungen gemacht und werden im Laufe unseres Lebens immer wieder in Veränderungsphasen treten. Ich könnte Seiten damit füllen, wie oft ich über meinen Körper bewertet (und damit auch verunsichert oder abgewertet) wurde und wie ich genauso bei anderen Frauen erlebt habe, wie schwer es sein kann, zu akzeptieren, dass der Körper altert und verschiedene Formen annimmt. Besonders weil Frauenkörper in unserer Gesellschaft immer noch normiert werden (je nach kulturellem Kontext). Ich möchte hier nicht ins Detail einsteigen, weil wir uns unbedingt auf die Verbindung und das Positive fokussieren wollen, um nach vorne zu schauen und nicht zurück. Aber ich erkenne an und bin mir bewusst, dass das Thema Körper für Frauen mit Scham, Schuld, Schmerz, Ablehnung zu tun haben kann. Deshalb geschieht die Rückverbindung auf achtsame Art und Weise natürlich nicht an einem Tag, aber es ist ein Auftakt möglich.

Mein Anliegen ist es, langfristig zurück zur Freude, Lust, Selbstannahme, zu authentischem Ausdruck und Energie zu kommen. Der Körper ist ein Geschenk und das Einzige, was wirklich uns gehört. Er ist der Ausdruck unseres Seins – und zwar nicht im Sinne einer »Kleiderstange« oder eines Haufen Muskeln, die ich trainieren muss. Vielleicht hast du schon einmal das englische Wort »Embodiment« gehört? Es bedeutet, dass unser Denken und Wahrnehmen nicht nur im Gehirn passieren, sondern auch von unseren Körpererfahrungen beeinflusst werden. Zum Beispiel können unsere Bewegungen und Sinnesempfindungen wie Berührungen oder Schmerzen unsere Gedanken und Entscheidungen beeinflussen – und umgekehrt. Das Zusammenspiel zwischen Körper,

Geist und unserer Energie ist sehr eng. Wenn wir uns dessen bewusst sind, können wir das auch zu unseren Gunsten ausrichten und unsere Körperform und den körperlichen Ausdruck so in eine Balance bringen, dass nicht nur alles zu uns passt, sondern uns auch nachhaltig stärkt und fit erhält.

So entsteht wahrhaftige Schönheit im Inneren und durch unsere Haltung, die sich dann ins Außen überträgt. Das ist gemeint, wenn wir von Anmut sprechen – eine natürliche und ansprechende Ausstrahlung eines Menschen, der sich elegant bewegt und respektvoll verhält.

Durch unseren Körper drücken wir also unser authentisches Sein aus – und dies kann keine Norm haben. Denn, zur Erinnerung: Du bist einzigartig. Es kann dich nicht ein zweites Mal auf der Welt geben, auch nicht, wenn du ein Zwilling bist. Und wie schön wäre es, wenn wir uns alle erlauben würden, unsere ureigene Individualität zu leben. Der Körper ist hierbei unsere wunderbare Freundin. Lasst uns diese neue Perspektive einnehmen.

Die Verbindung zu unserem Körper ist nicht nur lebenslang, sondern auch elementar. Warum? Dazu möchte ich gern ein paar weitere Beispiele nennen:

- Über den Körper nehmen wir wahr und spüren, was gut für uns ist und was nicht. Wir können so besser Grenzen setzen und merken, wann wir Ruhe und wann wir Aktivität brauchen.
- Der Körper ist der Zugang zur Intuition und zur inneren Weisheit.

- Wir finden über den Körper Halt und Vertrauen durch die Erdung – das sind wichtige Grundbausteine für unser Leben.
- Wir können über den Körper Energie und Kraft aufbauen.
- Der Körper hält unsere Schöpferkraft in uns.
- Über den Körper können wir sinnliche Erfahrungen mit uns und anderen machen, die uns berühren und beglücken.
- Durch deinen Körper erfährst du Weisheit. Du kannst keinen spirituellen Weg ohne deinen Körper gehen. Denn die Erkenntnis und Einsicht, die du dafür brauchst, entsteht nicht in Gedanken, sondern auf der Ebene der Erinnerung über den Körper.

Aus der Quelle schöpfen:
Die Weisheit der weiblichen Energie

Nimm deinen Platz ein!

Du bist nicht hier, um dich wegzuträumen. Du bist hier, weil es ein Privileg ist, als Mensch auf dieser Erde zu sein und die Schönheit des Lebens zu erfahren. Dein Körper ist dein Zuhause und dein heiliger Ort.

Lass dich nieder! Finde Halt.

Du bist hier aus einem Grund: Verkörpere dein wunderschönes Sein. Lass nach außen strahlen, wer du bist. Du bist willkommen. Dein Körper begleitet dich durch dieses Leben und ist Ausdruck deiner Essenz.

In jeder Bewegung, mit jedem Wimpernschlag, kannst du zulassen, dass du erkennbar bist.

Darf das Leben in Leichtigkeit durch dich fließen, während du mit den Füßen den Boden berührst?

Erdung als Basis

Während meiner zahlreichen Coachings und Seminare mit Frauen habe ich festgestellt, dass es unterschiedliche Typen gibt. Es erscheint mir, dass manche Frauen eine sehr gute Erdung haben. Das bedeutet, dass sie mit ihrem Körper verbunden und verankert sind. Sie machen auch tendenziell lieber Sport, wirken klarer und lassen sich nicht so leicht verunsichern. Und dann gibt es Frauen, die sinnlicher und empathischer sind. Sie schweben immer gefühlt ein bisschen über dem Erdboden, sind sehr kreativ und empfindsam. Man könnte sagen, sie sind mehr Himmel als Erde. Ob wir eher von der einen Seite oder von der anderen Seite kommen, spielt keine Rolle. Entscheidend ist, dass wir unseren Platz zwischen Himmel und Erde finden. Das bedeutet, dass wir, wenn wir die Verbindung zu uns aufgenommen haben, uns geerdet und gleichzeitig mit dem Feinstofflichen verbunden in dieser Welt bewegen. Dass wir in Balance leben. Ganz konkret übertragen würde sich dies zum Beispiel so ausdrücken: Ich spüre meine Gefühle, aber sie überwältigen mich nicht. Ich weiß, wann ich Ruhe und wann ich Aktivität brauche. Ich bin klar und entschlossen, aber dabei nicht verbissen in meine Ziele. Ich bewege mich regelmäßig, aber gehe nicht über meine Grenzen. Ich vertraue mir und meiner Intuition, aber spüre auch, dass ich Teil von etwas Größerem bin.

Egal, mit welchen Voraussetzungen ich auf diese Welt gekommen bin, es geht immer darum, sich genau zu kennen und zu spüren, wann es einen Ausgleich braucht, um nicht aus dem Gleichgewicht zu geraten. Und das wird immer wichtiger, denn unser Zusammenleben auf dieser Erde wird zunehmend komplexer, schneller und damit anspruchsvoller. Mit den vielen Möglichkeiten des modernen Lebens wie globaler Vernetzung entstehen viele Vorteile, aber es wird immer schwieriger, in Verbindung und geerdet zu bleiben. Und der Raum für den eigenen Ausdruck, für Entschleunigung wird ebenso kleiner. Deswegen ist es wichtig, dass wir gut für uns selbst sorgen, denn das wird niemand anderes übernehmen.

Wir können die Umstände nicht ändern, aber wir können sehr wohl für uns einstehen und immer mal wieder einen Schritt langsamer gehen, innehalten und checken: Moment mal, wo bin ich gerade? Fühle ich mich? Und vor allem: Fühle ich mich in meiner Mitte und Balance?

Meine Impulse für diese Reflexion für dich sind:

- **Erdung verstärken:**
  - Verbinde dich immer wieder mit deinem Körper und spüre vor allem die Körperteile, die mit dem Boden verbunden sind: Füße, Beine, Gesäß – und lass dich mit dem Ausatmen noch mehr einsinken und schwerer werden. Spüre immer wieder im Alltag die Verbindung zum Boden, deine eigene Schwerkraft und nimm deinen Körper so oft es geht wahr: bei der Arbeit, beim Fernsehen, beim Essen.
  - Wenn du draußen bist, lass dich direkt in der Natur nieder und spüre den Kontakt, besonders zu Steinen und Bäumen. Lege dich auch mal bäuchlings auf die Erde, als würdest du den Herzschlag von Mutter Natur hören wollen.
  - Laufe so oft es geht barfuß, massiere deine Füße mit einem kleinen Massageball oder mit deinen Händen.
  - Lebe wenn möglich nach deinem Rhythmus und sorge dafür, dass du ausreichend Bewegung und Schlaf hast. Nur dein Körper kann dir sagen, wie dies für dich aussieht. Höre und fühle genau hin! Es muss nicht immer Sport sein, sondern baue auch mal eine Dehnung, einen kleinen Tanz und viele Spaziergänge in der Natur ein. Bewege deinen Körper, wie er es braucht. Bewegung bringt dich auch im

Inneren in Bewegung, wenn du dabei achtsam bleibst.

- Nimm warme Bäder mit Epsom- oder Meersalz. Wenn dich Bäder zu müde machen, dann lass die Wanne nicht ganz volllaufen oder nimm nur ein Fußbad. Oder gehe in die Sauna.
- Teile liebevolle Berührungen mit Menschen oder auch mit Tieren. Erdende Berührungen haben ein wenig mehr Druck und bleiben auf einer Stelle (Hand auf den Bauch legen, feste Umarmung).
- Erde deine Gedanken, indem du sie aufschreibst oder wie Wolken am Himmel vorbeiziehen lässt.
- Trinke warmen Tee mit heimischen Kräutern (z. B. Beifuß oder Brennnessel).
- Bürste oder massiere den Körper oder lass das tun. Dazu kann man erdende ätherische Öle (u. a. Hölzer wie Zirbe) verwenden.
- Nimm vor allem auch deine Körpermitte wahr: den Unterbauch. Lege eine Hand darauf und nimm drei tiefe Atemzüge, die beim Ausatmen deine Atemenergie nach unten führen.
- Nähre dich gut. Erdende Nahrung kann zum Beispiel alles sein, was auch in der Erde gereift ist: Wurzelgemüse, Kartoffeln u. a.
- Trinke ausreichend gefiltertes Wasser.
- Halte einen mittelgroßen Stein oder erdenden Kristall in der Hand, etwa auch, wenn du nicht

einschlafen kannst. Oder lege ihn auf eine Körperstelle, wenn du liegst.

- **Fühlen und Sinnlichkeit:**
  - Fühle, fühle, fühle. Lass zu, dass das Leben dich berührt.
  - Handle und entscheide nach deinen Körperimpulsen und deiner gefühlten Intuition (z. B. Bauch und/oder Herz).
  - Nimm eine mitfühlende Perspektive und Haltung gegenüber allen Wesen ein. Unterscheide dabei zwischen Mitleid und Mitgefühl. Das bedeutet, dass du keine Gefühle von anderen übernimmst und mit ihnen in die Traurigkeit oder den Schmerz gehst, sondern versuchst, in einem positiven, mitfühlenden Zustand zu bleiben. Das ist hilfreicher, als etwas mitzutragen – denn sonst nimmst du dem Gegenüber die Chance, das Thema selbst zu lösen. Zuhören und achtsam anwesend sein bringt mehr als Ratschläge oder Mitleidsbekundungen. Prüfe auch: Erhöhst du deinen Selbstwert, indem du etwas für andere lösen und mittragen möchtest?
  - Genieße das Leben durch deinen Körper und gönne dir sinnliche Erfahrungen. Lebe deine Sinnlichkeit auf deine Art. Dein Körper ist auch dafür da, dir Freude zu schenken. Mach die Welt um dich herum so schön und gemütlich wie möglich: Düfte, Musik, Schönes aus der Natur

(Zweige, Blumen etc.), angenehme Kleidung aus Stoffen wie Seide oder Bio-Baumwolle, mit Liebe zubereitetes Essen.

Körperweisheit entdecken

Unsere Körper begleiten uns durch unser Leben, und wir haben die Verantwortung dafür, dass wir gut versorgt sind – auf die bestmögliche Weise. Auch das ist etwas, was wir individuell herausfinden, denn schließlich brauchen wir je nach Lebenslage und Konstitution etwas anderes. Ich weiß, es kann manchmal herausfordernd sein, aber es wird leichter, wenn wir mit unserem Körper direkt kommunizieren und dann immer intuitiv wissen, was gebraucht wird: Wasser trinken, Schlaf, Bewegung. Was wir im Gegenzug erhalten, sind wichtige Signale. Unser Körper ist auch mit uns immer im Austausch und sendet. Und da unser System in der Regel immer für uns arbeitet, nicht gegen uns, können wir uns darauf verlassen. Dieses Vertrauen zu finden oder wieder aufzubauen, nachdem wir eine andere Erfahrung wie etwa eine Krankheit gemacht haben, kann eine Weile dauern. Aber wenn wir mit unserem Körper verbunden sind, haben wir auch einen besseren Zugang zu unserer Kraft und Weisheit. Das Vertrauen ist bei mir im Herzen, aber vor allem auch im Unterbauch zu Hause, meiner Mitte. Das wurde mir erst bewusst, als ich merkte, dass ich es verloren hatte. Ich fühlte mich in meinem Leben oft verlassen und fragte mich, warum mir bestimmte Dinge passieren. Erst im Rückblick kann ich nun sehen: Es waren Lernerfahrungen, und sie haben mich in die Suche geführt, zum Beispiel nach dem Urvertrauen, das in uns allen verankert ist (siehe auch Seite 166). Aber viele von uns verlieren es, wenn wir die Erfahrung von Betrug, Verrat, Missbrauch oder Verlust machen.

Auch kann es sein, dass Frauen keine gute Beziehung zu ihrem Bauch oder Unterbauch haben. Das liegt einerseits daran, dass wir gelernt haben, den Bauch einzuziehen, und ein nicht-flacher Bauch bei Frauen in der westlichen Kultur oft nur gesellschaftlich akzeptiert ist, wenn sie schwanger sind. Viele Frauen werden bei dem kleinsten Bauchansatz gefragt, ob sie schwanger seien. Es ist für beide Seiten unangenehm, wenn es dann nicht so ist. Deswegen: Besser diese Frage erst gar nicht stellen oder den Körper mit Blicken abmustern! Und den Bauch nicht mehr einziehen, sondern tief durchatmen, sonst schneiden wir uns von unserer Lebensenergie ab. Manchmal kann es auch sein, dass wir mit dem Bauch und der Gebärmutter bestimmte Erfahrungen verbinden, mit denen wir uns erst versöhnen sollten. Oder dass unsere sexuelle Energie (unabhängig von einem Gegenüber) nicht frei fließt, was aber ebenso wichtig als Kraftressource ist.

Der erste Schritt ist, alle Stellen des Körpers zu fühlen, damit überall Energie fließt und wir mit allem verbunden sind. Das kannst du machen, indem du in dich selbst hineinfühlst und da, wo es sich kälter oder weniger lebendig anfühlt, tiefer durchatmest, eine Hand oder

Wärmflasche auf den Bereich legst und dir vorstellst, dass dort Energie reinfließt. Wunderbar!

Journaling-Übung

Verbinde dich zuerst mit deinem Körper, indem du die Augen schließt und ihn für einige Atemzüge wahrnimmst. Nähere dich mit deiner inneren Ausrichtung so, dass du ihn in der Gesamtheit wahrnehmen kannst und spürst. So, wie er gerade ist. Wenn du ein Gefühl hast, dann geh mit deinem Körper in einen Dialog und frage, was er dir sagen möchte. Schreibe es auf und frage danach, wie du dich noch mehr mit deinem Körper verbinden kannst. Notiere auch diese Antwort.

Danke, dass du dich auf die Reise mit deinem Körper einlässt und dich so ausrichtest, dass dein Körper deine beste Freundin wird. Alles, was wir jetzt für uns tun, wird sich nachhaltig positiv auswirken. Du bekommst ein tieferes Verständnis und einen bewussteren Umgang mit dir und deinem Körper. Ich glaube, dass wir erst, wenn wir erkannt haben, warum wir uns wie verhalten, etwas ändern. Und wenn wir unseren Körper neu entdecken wollen, dann ist auch das Warum entscheidend, nicht immer nur das Wie. Also: Was ist die Motivation und die langfristige Konsequenz?

Dein Geschenk für den Alltag

Wie möchtest du täglich mit deinem Körper in Kontakt sein? Verbinde eine deiner Routinen wie Wartezeiten mit der Intention, ganz bewusst deinen Körper und die Erdung zu spüren. Das bedeutet: Immer wenn du wartest, nimmst du dir einen Moment, um die Körperteile, die mit dem Boden verbunden sind, wahrzunehmen und dich mit dem Ausatmen schwerer werden zu lassen. Du kannst auch eine Hand auf den Unterbauch legen und drei Mal bewusst atmen und dabei den ganzen Körper spüren, ohne zu bewerten.

DIE VIERTE RAUHNACHT

28. DEZEMBER

In Dankbarkeit und Würde leben

Monat im kommenden Jahr: April
Fokus auf: Selbstwert, Wertschätzung, Fülle wahrnehmen
Tagesmotto: Ich schätze mein Leben
Wiederkehrende Rituale: Wunsch verbrennen, (Traum-)Tagebuch, Orakelkarte ziehen, Räuchern
Impulse des Tages: Meine schönsten Momente, Würde aktivieren (inneres Aufstehen)

Ich werde oft gefragt, wie und wann ich meditiere und wie meine Routinen für ein bewusstes und intuitives Leben im Alltag aussehen. Dann antworte ich, dass es für mich viel in meinem Leben verändert hat, wie ich aufwache und wie ich einschlafe. Seitdem ich dies bewusst und mit voller Dankbarkeit im Herzen tue, bin ich gelassener und zufriedener. Es geht dabei für mich nicht um das Extrem und die Quantität. Sondern um die Qualität. Ich kann fünf Stunden meditieren, aber wenn ich mich dabei zu sehr quäle, wirkt es sich in der Summe eher negativ als positiv aus. Natürlich habe ich mich auch schon für

Retreats zurückgezogen und in der Gruppe stundenlang meditiert, was wirklich eine spannende Tiefe und Lernerfahrung bringt. Aber im Alltag ist es entscheidend, wie ich mich innerlich ausrichte und dass ich mich immer wieder in dieser Ausrichtung bestärke und danach handele.

Was mich dabei sehr unterstützt, ist eine tiefe Dankbarkeit für das, was (schon) in meinem Leben ist. Natürlich habe ich auch Ziele und Wünsche, zu denen ich mich hinentwickeln möchte. Aber ich habe realisiert, wenn ich nicht für das aufrichtige Dankbarkeit empfinden kann, was im Moment ist, dann werde ich niemals Erfüllung spüren können – auch nicht, wenn ich zwei Häuser und nur harmonische Beziehungen habe.

Und deshalb halte ich es einfach, aber konsequent und aufrichtig: Sobald ich am Morgen wach werde, noch bevor ich meine Augen öffne, mache ich mir bewusst, wie schön es ist, dass ich eine Chance auf dieses Leben habe und ein neuer Tag beginnt. Dann stelle ich mir vor, wofür ich aktuell dankbar bin (es ist nicht entscheidend, wie lang die Liste ist). Wichtig ist, dass ich es dann auch im ganzen Körper fühle, dass ich mir nicht in Gedanken vornehme, dankbar dafür zu sein, weil es sich so gehört. Deswegen nehme ich nur etwas, das ich wirklich fühle. Und dann stelle ich mir auch vor, auf was ich mich an diesem Tag freue. Auch wenn ich Termine und Pflichten habe, es gibt immer etwas, was mir Freude bringt. Ich kann es mir auf jeden Fall vornehmen, meinen Lieblingspodcast zu hören oder die nächste Folge der Lieblingsserie zu sehen. Denn dafür habe ich immer Zeit.

Am Abend versuche ich, nicht mit sorgenvollen Gedanken einzuschlafen, sondern schließe den Tag auch mit Dankbarkeit und Wertschätzung ab. Ich fokussiere mich nicht auf das, was ich nicht geschafft habe, sondern was ich erledigt habe (wir können ja laufend immer noch mehr machen). Ich versuche, so gut es geht zurück zu mir zu kommen, indem ich eine Hand aufs Herz lege und tief durchatme. Ich lasse so gut es geht los, was mich noch belastet.

Meine schönsten Momente

Geh deinen Kalender vom vergangenen Jahr durch und erinnere dich an besonders schöne Momente. Was hat diese so besonders gemacht? Mit wem hast du was erlebt? Fallen dir darüber hinaus noch kleine Situationen oder Geschehnisse ein, die du besonders toll fandest? Dann notiere sie dir gern in dein Tagebuch. Nimm dir danach ein wenig Zeit, um die Dankbarkeit über diese ganze Sammlung zu fühlen.

Wertschätzung für dich

Noch immer ist es so, dass vor allem wir Frauen viel zu wenig für das geschätzt werden, was wir leisten. Als Mütter, als Partnerinnen, als Unternehmerinnen, als Freundinnen, als Angestellte. Eine Form der Wertschätzung ist Geld als Lohn und Honorar. Aber ein Großteil der Arbeit wird auch nicht materiell entlohnt – etwa Care-Arbeit.

Nun ist der Zeitpunkt gekommen, an dem du dich für alles, was dieses Jahr besonders gut gelaufen ist, anerkennst. Das können auch die kleinen Dinge sein: Ich habe es geschafft, mich regelmäßig im Alltag zu bewegen (Treppen anstatt Aufzug, Fahrrad anstatt Auto).

Was auch immer im Außen war dieses Jahr, nun wollen wir nicht in Schuldzuweisungen, Groll und Mangelgefühle abschweifen. Ich möchte nur an dieser Stelle daran erinnern, wie wichtig es ist, dass du das Gefühl dir und anderen gibst. Es ist für jede von uns sehr wichtig, sich in einem gesunden Maße gesehen und geschätzt zu wissen. Ich weiß, wie ohnmächtig und schal man sich fühlen kann, wenn diese Gesten und Worte ausbleiben.

Aber wir können uns unser gutes Gefühl auch so ganz selbstbestimmt holen. Du könntest jetzt zum Beispiel aufschreiben, auf was du stolz bist und wofür du dir selbst Anerkennung schenken möchtest, weil du zu diesem Aspekt noch zu wenig Feedback bekommen hast. Es geht dabei allein um dein eigenes Gefühl. Alternativ könntest du auch jetzt kurz innehalten und einen inneren

Dialog mit dir führen und dir nach und nach sagen: (Dein Name), das hast du toll gemacht! Es kann sein, dass dann bei dir auch ein kindlicher Anteil angesprochen wird, denn oft ist es so, dass wir als Kinder genau das vermisst haben: das Gefühl, gesehen und anerkannt zu sein. Niemand hat Schuld, denn unsere Eltern haben ihr Bestes gegeben (auch wenn es manchmal nicht genug war oder sogar falsch). Durch diese Übung können wir uns aber selbst bemuttern und bevatern – und damit im Inneren nachreifen. Dieser Prozess betrifft viele Lebenslagen. Wir können 99 Jahre alt sein, und trotzdem zeigen sich noch kindliche Seiten in uns, die beachtet werden wollen, weil genau dies zu ihrer Zeit nicht passiert ist. Und wir alle wissen: Kinder brauchen noch mehr Aufmerksamkeit und Liebe als Erwachsene. Und das wollen auch deine in dir lebendigen kindlichen Anteile.

Aus der Quelle schöpfen: *Die Weisheit der weiblichen Energie*

Du bist wertvoll!

Du kannst noch so viele Schätze im Außen suchen. Du kannst darauf warten, dass dir jemand einen Schatz überreicht. Der größte Schatz bist aber du selbst. Erlaube dir, dein goldenes Leben zu leben, indem du deinen inneren Wert erkennst und so tief in dir verankerst, dass du gar nicht mehr darüber nachdenken musst.

Dieser Schatz in dir bewahrt dich davor, dass du dich unter deinem Wert verkaufst. Du wirst nicht bleiben, wo dein Wert nicht erkannt und geschätzt wird. Ob in unheilsamen Beziehungen oder Arbeitsumfeldern oder Freundschaften. Und wenn dein Wert nach außen strahlt, bist du sicher, denn niemand wird es mehr wagen, dich zu entwerten oder abzuwerten.

Mit dem Wert trägst du auch die Verantwortung, diesen Schatz zu hüten und ein Vorbild für andere zu sein. Zeige dich in deiner wahren Größe! Eine Frau mit Selbstwert ist anmutig und respektvoll. Sie pflegt ihren Körper, ihren Geist und ihr Umfeld, sie hält dies alles rein und erinnert alle um sich herum, was wahre Schönheit in allen Dingen ist. Durch ihren liebenden Blick und ihre entschlossene Haltung, aus der heraus sie handelt.

Ich schenke dir nun dieses Gefühl, wenn du willst, fühle es in dir: Du bist wertvoll, du bist vollkommen geliebt – so, wie du bist. Und wenn du Zweifel hast und es nicht glauben kannst, dann frage dich: Welche Stimme in mir sagt das? Deine ist es sicher nicht!

Wir haben die Wahl, anders zu sein

Andere wissen vielleicht nicht immer, wie sie Wertschätzung und Dankbarkeit zeigen und benennen sollen, aber wir können es anders machen. Wir können aktiv etwas anderes (vor-)leben und dies auch zum Ausdruck bringen. Und das fängt oft mit einer gewissen Freundlichkeit (nicht aufgesetzt!) an. Das bedeutet nicht, dass wir immer nett und angepasst sein sollen. Absolut nicht! Man kann auch freundlich und sanft ganz deutlich sagen, was man möchte und nicht möchte. Zur Freundlichkeit zählt für mich auch eine gewisse Form von Respekt im Umgang mit anderen und Wahrhaftigkeit. Keine Sorge, das wird nun kein Exkurs in Moral, in Etikette. Ich erinnere mich nur gern selbst daran: Wenn ich von anderen nicht bewertet werden möchte, dann fängt es damit an, dass ich dies nicht tue. Wenn ich nicht belogen werden möchte, dann spreche und lebe ich Wahrheit. Wenn ich nicht möchte, dass über mich schlecht geredet wird, dass ich diskriminiert werde – dann mache ich es selbst nicht und bringe das auch zum Ausdruck, indem ich zum Beispiel deutlich mache: »Für dieses Gespräch stehe ich nicht zur Verfügung!«, wenn in meiner Anwesenheit abwertend über andere getratscht wird. Es startet alles bei uns selbst, und dafür dürfen wir die Verantwortung übernehmen – in dem Wissen, dass wir auch damit etwas ändern können. Für uns und die Generationen nach uns.

Dabei geht es auch darum, innere Werte immer mehr zu sehen und zu schätzen. Wie oft sagen wir automatisch zu anderen, durchaus nett gemeint: »Du siehst heute aber gut aus!« oder: »Ein tolles Kleid!« Ich erwische mich selbst immer wieder dabei, dass ich zuerst mit den Augen wahrnehme. Und ich freue mich auch, wenn jemand mein Aussehen positiv erwähnt. Aber noch mehr freue ich mich, wenn jemand über alle Sinne tiefer wahrnimmt und mir sagt: »In deiner Nähe fühle ich mich wohl.« »Mit dir kann ich fröhlich sein.« Und genauso versuche ich, auch anderen mitzuteilen, wie schön ihr Inneres nach außen strahlt. Damit in unserer Gesellschaft mehr Augenmerk auf die Schönheit fällt, die durch das innere Wesen entsteht. Und auch hier gilt es, diesen Kern von vielen Schichten zu befreien, indem wir uns auch immer mehr erlauben, wir selbst zu sein.

Das innere Aufstehen

Wenn wir auf uns zugehen, werden wir vollständig und können uns mehr fühlen und annehmen. Ein wichtiger Schritt dorthin war für mich, einzelne verlorene Puzzleteile wieder in mir einzubauen. Eines davon – und ich war mir nie zuvor darüber bewusst, dass mir dies fehlte – war Würde. Das Wort hatte ich sogar vergessen, weil ich es gar nicht oft nutze. Warum eigentlich nicht? Aber sofort war ich berührt, in mir entstanden Bilder von Frauen mit Eleganz und Haltung – und ich hielt mein Rückgrat und den Kopf gerader, als würde ich darauf eine Krone balancieren. Allein das Wort richtete mich auf.

Es geht auch darum, sich in der vollen Größe zu zeigen, um ein inneres Aufstehen nach vielen diskriminierenden Verhaltensweisen, die ich erlebt oder miterlebt hatte – und meistens ging es da bei mir und anderen Frauen, die ich auf dem Weg als Coach begleiten durfte, ums Frausein. Es waren Erlebnisse mit Sexismus, emotionalem sowie körperlichem Missbrauch, Diskriminierung, Ausgrenzung, Übergriffe und Gewalt. Aber auch Burnout, schwere Krankheit, Verlust oder eine leidvolle Ehe. Oder etwas, das nicht passiert ist: bedingungslose Liebe von den Eltern empfangen zu haben oder wirklich gesehen und akzeptiert zu werden. Jegliche Situationen, in denen ich oder die Frauen, die in meiner Ahnenreihe vor mir sind, scheinbar das Opfer waren, ohne es zu sein. Wir erinnern uns: Allein in Deutschland wurden geschätzt 50 000 Menschen, vor allem Frauen, wegen »Hexerei« verfolgt und ermordet. Dies waren oft die weisen Frauen in der Gesellschaft. Haben sie den anderen Angst gemacht? Vermutlich! Frauen, die verbunden sind und ihre Weisheit leben, sind unglaublich mächtig. Und es ist nicht vorbei: Frauen werden immer noch verfolgt, wenn sie anders oder bedrohlich wirken. Frauen werden immer noch gegen ihren Willen beschnitten. Frauen werden immer noch von ihren Chefs belästigt. Ohne tiefer in die Themen einzutauchen, geht es darum, zu verstehen, warum es manchen von uns so schwerfällt, sich in ihrer ganzen Stärke und Weisheit zu zeigen. Wenn wir also vom Frausein sprechen und uns in dieses Feld begeben, dann finden wir viele Schätze, aber auch viel Leid, das es zu transformieren gilt. Wir dürfen nicht in einer Opferrolle verharren, niemals aufgeben. Ich bin vielen Frauen begegnet, die überlebt haben und sich neu für das Leben entschieden haben, was eine unglaubliche Kraft ist. Du kannst auch dich fragen: Was hast du in schwierigen Momenten gelernt? Welche Stärke hast du entwickelt, um da durchzukommen, und wie bringt sie dich nun weiter? Was uns eint: Alle sind Überlebende und damit Heldinnen. Und so sorgen wir alle dafür, dass das Feld immer stärker wird und die alten Wunden heilen. Deswegen: Wenn wir uns zeigen, wenn wir wieder vollständig werden, dann hat das immer Auswirkungen auf die Vergangenheit, Gegenwart und Zukunft von vielen Frauen.

Steh auf!

Erinnere dich daran, dass du auf diese Welt in reinster Vollständigkeit gekommen bist.

Was immer du erlebt hast, es war eine Erfahrung. Es ist vorbei.

Und du hast dich immer wieder für das Leben entschieden. Dafür danke ich dir, Schwester im Herzen.

Ich fühle dich, ich sehe dich.

Du warst nie allein.

Und es gibt einen Ort, der für dich immer heil geblieben ist.

Dein inneres Paradies. Du bist sicher.

Nun gehe an diesen Ort und schöpfe aus der Quelle allen Seins.

Erkenne dich. Erkenne deine Wahrheit. Und wisse, mit jeder Zelle deines Körpers, dass du unendlich geliebt bist.

Vergebung schützt dich, weil es deine Stärke ist, dich so sehr zu lieben, dass du nun loslässt und dich wachsen lässt.

Liebe nährt dich.

Du bist es wert, dieses Leben in jeder Sekunde wie deinen ersten Atemzug zu leben.

Du bist immer noch vollständig.

Sei mutig und stehe auf. Nimm dir das, was immer dir gehört hat: die Würde und das wundervolle Geschenk, eine Frau zu sein. Ein Wesen, das die stärkste Kraft des Universums in sich trägt.

Die Schöpferkraft, aus der wir alle und auch du entstanden sind.

Du kannst dir alles geben

In meiner Wahrnehmung haben viele Frauen ein Thema mit dem Selbstwert, was einen großen Einfluss auf den inneren und äußeren Reichtum im Leben haben kann. Der Mangel sitzt so tief, dass er oft nicht präsent ist, aber durch Handlungen erkennbar: Wir alle kennen Frauen, die sich unter ihrem Wert verkaufen. Und bestimmt ist uns dies auch mal passiert: Wir arbeiten zu viel für zu schlechte Bezahlung. Wir haben uns auf eine Beziehung eingelassen, obwohl unser Gegenüber uns ständig kleinmacht und kritisiert. Und wir sind verstummt, obwohl wir etwas zu sagen hatten. Kompromisse gehören zum Leben dazu, aber nicht dauerhaft und nicht, wenn sie uns kleinhalten.

Würde war wie gesagt das Gefühl, das ich mir zuerst eigenständig wieder holen durfte, indem ich mir erlaubte, aus der Ohnmacht sowie Unterdrückung aufzutauchen und zu entscheiden: Diese Erfahrungen drücke ich nicht weg, aber sie prägen auch nicht mein Sein in mir und mit mir. Sie haben nicht die Macht, mich selbst kleinzuhalten, mich unsichtbar zu machen, mich zu beschämen oder mich schuldig fühlen zu lassen. Ich erkannte, dass mein tiefstes Inneres immer heil und rein ist (geblieben war) und dass ich ein Recht darauf habe, immer aus allen Sümpfen und Abgründen mit erhobenem Haupt aufzustehen. Wir sind es wert, verehrt, bedingungslos geliebt und vollkommen respektiert zu werden. Es gibt kein Recht, uns kleinzuhalten und uns zu verletzen. Die Schwäche des anderen ist unsere Stärke. Wir stehen immer wieder auf. Würde ist unser Geburtsrecht. Und niemand kann sie uns nehmen.

Und genau diese vollkommene und anmutige Verkörperung von weiblicher Stärke in Form von Würde kannst du jetzt wieder in dir wecken, um sie auf deine Weise zu integrieren und zu verankern, wenn du (auch im Namen deiner Vorfahrinnen, Kinder und der Frauen nach dir) es brauchst und möchtest – ohne in das Erlebte und die Geschichten eintauchen zu müssen.

Durch diese Zeilen soll die Würde in dir aufgeweckt werden (nur falls du es brauchst), denn Worte können nicht nur Information, sondern auch Medizin sein. Lies es dir gern laut vor. Falls du beim Lesen oder danach ein Lied hören möchtest, das dich an diese Kraft erinnert, dann empfehle ich dir »Shiv Shakti« von Bliss.

Dein Geschenk für den Alltag

Wie wäre es, wenn du dich einer Frauengruppe anschließt? Diese Sehnsucht, sich nur unter Frauen zu treffen, ist ein ureigenes Bedürfnis. Mittlerweile gibt es einige Möglichkeiten, mit Frauen in einem geschützten Raum für eine Kakaozeremonie, ein Mondritual oder zur achtsamen Geburtsvorbereitung zusammenzukommen und über das zu sprechen, was uns wirklich bewegt. Es bedeutet nicht, dass wir Männer ausgrenzen oder uns von ihnen abgrenzen. Aber es ist oftmals leichter, intimste Themen unter Frauen zu besprechen. Bestenfalls ist dieser Rahmen gut durch eine Frau gehalten, damit keine Bewertungen stattfinden, sondern du einfach sein kannst und gehört sowie gesehen wirst. Das bedeutet auch, dass es ein Grundvertrauen gibt und deutlich gemacht wird, dass alles Gesprochene in diesem Rahmen bleibt und nicht weitergetragen wird. Du findest solche Gruppen über soziale Netzwerke, Eventplattformen wie Meetup.com, Aushänge in Biomärkten oder (veganen) Cafés. Falls du in deiner Umgebung nichts findest, dann veranstalte selbst ein Treffen mit deinen Freundinnen. Schön ist aber auch, neue Frauen einzuladen, um deinen Horizont und die Perspektive zu erweitern.

Meine Ideen für deine Frauenrunde:

- Richte den Raum gemütlich her und gestalte einen Kreis am Boden mit Kissen/Decken/Yogamatten (diese können die Frauen auch selbst mitbringen). In die Mitte des Kreises kommen schöne ausgewählte Dinge wie Blumen/Zweige aus der Umgebung, Steine, Orakelkarten, Kerzen. Jede Frau kann ein Symbol (eine Kette etc.) mitbringen und in den Kreis legen, damit der Gegenstand mit guter Energie aufgeladen wird.
- Beginne die Runde mit einer Meditation oder einfach mit drei tiefen Atemzügen und einer persönlichen Einstimmung.
- Jede Frau in der Runde hat (wenn sie mag) Redezeit und kann erzählen, was sie bewegt. Sie kann auch eine Orakelkarte ziehen, um einen Redeimpuls zu erhalten. Die Karte ist ein guter Einstieg. Sie redet dann ohne Unterbrechung aus dem Herzen heraus, und alle hören aufmerksam und mitfühlend zu. Im Anschluss sagst

du stellvertretend für alle: »Danke, wir sehen und hören dich.« Nur wenn die Frau dann fragt: »Was würdet ihr in meiner Situation machen?«, dürfen die anderen im Kreis aus ihrer Perspektive weibliche Weisheit teilen. Die Sätze lauten dann in etwa: »Ich würde mich so und so entscheiden…« »Ich kenne dieses Gefühl. Ich habe damals das und das gemacht, damit es mir besser geht.« Es geht also um Ich-Botschaften und nicht um Du-Botschaften nach dem Motto: »Du solltest dies und das tun.« Es ist wichtig, dass die Frau den Raum behält, ihre eigenen Erkenntnisse zu finden. Du solltest darauf liebevoll achten und falls nötig mit sanfter Klarheit daran erinnern.

- Finde am Ende einen Abschluss durch eine Meditation oder gute Wünsche für die Runde. Eine schöne Übung ist auch, dass sich alle an den Händen halten (achte darauf, dass eine Hand gibt und eine nimmt: linker Handrücken oben und rechter unten) und ein Gruppenpuls über die Hände geschickt wird. Dafür beginnst du die Hand der Frau links neben dir leicht zu drücken, und die Frau neben dir gibt den Impuls über ihre linke Hand in der Welle weiter. Dies kann ein schönes Gemeinschaftsgefühl bringen.

DIE FÜNFTE RAUHNACHT

29. DEZEMBER

Sich durch Vergebung befreien

Monat im kommenden Jahr: Mai
Fokus auf: Loslassen, mit den Augen der Liebe zurückschauen
Tagesmotto: Ich leere mich und ich befreie mein Herz
Wiederkehrende Rituale: Wunsch verbrennen, (Traum-)Tagebuch, Orakelkarte ziehen, Räuchern
Impulse des Tages: 4-7-8-Atmung, Schwellen-Spaziergang

Im Laufe eines Jahres erleben wir einige Übergänge, Veränderungen und auch Enttäuschungen oder Verluste. Nicht immer nehmen wir uns dann die Zeit und Ruhe, diese bewusst anzuschauen. Vielleicht sind wir auch erst später dazu bereit. Aber um weiterzugehen und neue Erfahrungen zu machen, um in manchen ungünstigen Situationen oder Wendungen auch einen Funken Gutes zu sehen, ist es sehr gut, noch einmal den Blick zurück zu wagen, bevor wir mit voller Kraft in die Zukunft schauen.

Das hat zwei Gründe: Der eine ist, dass wir immer mehr erkennen, dass das Leben für uns ist und nicht gegen uns. Wir verstehen das Leben rückwärts, leben es aber vorwärts. Der andere ist, dass wir nicht zu sehr mit unseren Gedanken und Gefühlen in der Vergangenheit hängen, sondern uns frei machen für Neues. Das ist ganz logisch: In einer vollgestellten Wohnung können wir auch keine neuen Möbel unterbringen. Und wenn unser Herz noch zu sehr besetzt ist mit Gefühlen für eine andere Person, hat es ein neuer Mensch schwer, dort Platz zu finden. Auch wenn wir sagen: »Wieso, ich sehe meinen Ex-Freund doch gar nicht mehr?!«, kann es sein, dass wir dennoch verbunden sind, weil wir noch keinen Abschluss gefunden haben. Ja, wir lieben tief!

4-7-8-Atmung

Die Atemübung unterstützt dich bei Überforderung. Sie kann im Sitzen oder Liegen ausgeführt werden. Es hilft, die Augen zu schließen. Die Hände ruhen auf dem Bauch oder den Oberschenkeln. Die Zungenspitze liegt am Gaumen hinter den Schneidezähnen, der Mund ist geschlossen. Nun atme vollständig aus, und beim nächsten Einatmen durch die Nase zählst du innerlich bis vier. Dann hältst du den Atem entspannt für sieben Sekunden an (nicht verkrampft). Dann atmest du acht Sekunden lang durch den Mund aus, ohne Druck, aber du kannst Druck ablassen, indem du seufzt oder auspustest. Das Ganze wiederholst du mindestens vier Mal. Und dann spüre mal nach, wie du dich fühlst.

Entscheide dich, es anders zu sehen

Wir schauen uns heute die ungewünschten Momente in diesem bald vergangenen Jahr noch einmal genauer an, um auch später im Alltag immer schneller in die Wandlung und Akzeptanz zu finden, damit wir uns erst gar nicht so sehr mit vermeintlichen Rückschlägen belasten. Ganz konkret habe ich mir angewöhnt, wenn Dinge mal nicht so laufen, wie ich es mir vorgestellt habe, danke, danke, danke zu sagen. Auch wenn es meinem Verstand zufolge gar keinen Sinn macht.

So habe ich mich einmal für einen Auftrag beworben, der super zu mir gepasst hatte. Ganz zuversichtlich ging ich in das Bewerbungsgespräch für dieses Projekt. Es lief alles gut. Als ich dann aber wider Erwarten eine Absage bekam, hatte ich die Wahl: Ich hätte für eine Weile sauer, enttäuscht und beleidigt sein können. Ich hätte grübeln oder nachfragen können: Warum? Habe ich etwas Falsches gesagt oder gemacht? Stattdessen schaffte ich es, mir diese negativen und stressigen Schleifen zu ersparen, indem ich mich sofort entschied, mich zu bedanken und zu verstehen, dass dieses Projekt aus Gründen nicht sein sollte. Genau eine Woche später bekam ich einen Anruf mit einem anderen Angebot, das so viel besser zu mir passte, besser bezahlt war und auf das ich noch mehr Lust hatte. Ich sagte sofort zu! Und ich war so dankbar, dass ich eine Absage bekommen hatte. Wäre das bessere Angebot überhaupt gekommen, wenn ich das andere zugesagt hätte? Und als ich dann ganz ehrlich zu mir war, hatte ich während des Gesprächs auch mal das Gefühl, dass mich das Projekt zu sehr vereinnahmen könnte, also doch nicht so gut passte, wie es zunächst wirkte.

Nicht immer öffnet sich die nächste Tür, und manchmal geht es auch darum zu vergeben oder zu akzeptieren, was wir nicht mehr ändern können. Was wir aber sehr wohl in der Hand haben: Wir dürfen entscheiden, dass das Geschehene hinter uns liegt und die Zukunft für uns noch einiges an wunderschönen Momenten bereithält.

Falls du das Gefühl hast, es gibt noch Situationen, mit denen du dich versöhnen möchtest, dann schlage ich dir folgende Übung vor. Mache sie für jede Situation einzeln:

- Stelle dir den Moment noch einmal vor oder schreibe ihn auf. Notiere oder erspüre auch die Gefühle dazu und was du eventuell damals Negatives über dich geglaubt hast (»Ich bin nicht gut genug« oder »Ich bin nicht liebenswert«).
- Dann nimm eine Vogelperspektive ein und schaue noch einmal von oben auf die Situation, als hätte sie nicht direkt etwas mit dir zu tun: Wie siehst du sie jetzt? Gab es irgendetwas, was du daraus gelernt

hast? Oder gab es trotz der Schmerzen oder Traurigkeit einen Funken Gutes daran?

- Komm wieder zurück zu dir. Aus deiner liebenden, weisen und ruhigen Situation: Kannst du dich entscheiden, eine neue Perspektive auf die Situation einzunehmen? Und wie fühlst du dich jetzt damit? Kannst du negative in positive Glaubenssätze transformieren (»Ich bin immer wertvoll«)?
- Bist du bereit, diesen Moment gehen zu lassen? Wenn nicht, dann probiere die Übung zu einem anderen Zeitpunkt noch einmal.

Bewusste Übergänge

Nichts ist jemals verloren! Ich habe eine Weile gebraucht, bis ich diesen Satz verinnerlichen konnte. Was wäre, wenn er wahr ist? Mich hat die Vorstellung entlastet, dass sich alles wandelt und neue Formen annimmt. Und in jedem Neubeginn auch ein Zauber liegt. Doch es braucht schon sehr viel Mut und Vertrauen, sich immer wieder zu verändern oder plötzliche Veränderungen zu akzeptieren.

In meinem Garten wachsen sehr viele verschiedene Pflanzen, und ich liebe es, sie zu beobachten. Jedes Mal bin ich erfreut und überrascht, wenn sich eine wundervolle Blüte zeigt. Aber ich weiß schon, dass sie nicht ewig hält, irgendwann wird sie welk, wirft ihre Blütenblätter ab und ist verblüht. Doch ich weiß, dass schon die nächste Knospe da ist und irgendwann blühen wird.

Die Natur unterstützt mich sehr oft dabei, wenn ich das Leben verstehen möchte. Ich bin immer wieder aufs Neue berührt von so viel natürlicher Schönheit und echter Kunst. So viele verschiedene Pflanzen, Tiere und Landschaften zu sehen erfüllt mich und lässt mich an eine Quelle glauben, die unendlich erschafft und unfassbar kreativ ist. Und genauso ist es auch in meinem Leben: Je schneller ich die alten Blüten abwerfe, umso eher kann etwas Neues erblühen.

Genauso lerne ich, Zyklen zu vertrauen. Ich mache mir keine Sorgen, wenn ein Baum seine Blätter abwirft und plötzlich knorrig aussieht. Im Frühjahr erwacht er zu neuem Leben, und so schnell kann ihn nichts erschüttern, er ist fest verwurzelt, nährt sich und gibt wieder neue Energie ab.

Aus der Quelle schöpfen:
Die Weisheit der weiblichen Energie

Vergib dir selbst

Du hast immer dein Bestes gegeben, auch wenn du jetzt anders handeln und entscheiden würdest. Du hast es damals nicht besser gewusst, aber du kannst es nun anders machen und dein Wissen teilen.

Wir machen alle Umwege. Jede von uns kennt Momente, in denen sie nicht gut genug auf sich selbst aufgepasst hat oder sich blind in eine verzwickte Lage gebracht hat, obwohl wir sie hätten sehen können. Bei anderen sehen wir, bei uns selbst haben wir blinde Flecken, damit wir lernen und wachsen. Damit wir das Leben in der Tiefe verstehen. Unsere tiefsten Wunden sind irgendwann ein Geschenk für uns selbst, denn sie haben uns zu der Erkenntnis geführt, die wir ohne den Schmerz nicht gesucht hätten.

Doch jetzt ist die Zeit gekommen, dass du verstehst, dass Vergebung dich befreit und stark macht. Wenn du vergeben kannst, kannst du weitergehen und bekommst in jedem Moment ein neues Leben geschenkt.

Nimm dich selbst in den Arm und sage dir: Ich vergebe dir! Du kannst nun leichter Fehler machen und riskieren, weil du weißt, dass die Kraft der Vergebung dich schützt, dass du vor lauter Angst und Schrecken das Leben verpasst. Schütze dich, aber überbehüte dich nicht. Du bist stark, du bist weise. Niemand kann dich zerstören. Außer du selbst.

Ich bin der festen Überzeugung, was auch immer geschieht oder sich verändert: Wir haben die Kraft, weiterzugehen, und es wird ganz sicher der Punkt kommen, an dem wir gestärkt aus jeder Krise herauskommen. Wir haben eine Chance, und was uns dabei hilft, ist tiefes Mitgefühl für uns selbst, die Entscheidung und die Eigenverantwortung, das Leben als Geschenk zu sehen und zu wissen, dass der Moment kommen wird, in dem wieder Frieden in uns ist.

Die Natur kann auch eine wunderschöne Unterstützung und ein Spiegel sein, wenn es um unser Leben geht, das auch in Kreisläufen funktioniert, und Veränderungen gehören dazu. Manche wählen wir sogar selbst, wenn wir zum Beispiel umziehen oder uns trennen. Bevor wir weitergehen, lohnt es sich, immer mit Dankbarkeit zurückzuschauen und dann mit all unserer Energie nach vorne zu gehen. Das können wir in Gedanken machen, aber ebenso in Ritualen, bei denen wir auch den Körper mitnehmen, indem wir handeln. Ich mache eine bewusste Handlung, an die ich mich erinnern kann. Es fällt mir dann leichter, loszulassen und weiterzugehen. Falls du heute oder morgen das Gefühl hast, du möchtest noch ein kleines Ritual machen, das dich für das kommende Jahr buchstäblich »entlastet«, dann habe ich zwei Ideen für dich – eine kürzere und eine längere Version, die du auch gern beide ausprobieren kannst.

Schwellen-Spaziergänge

Eine kurze Version: Das erste Loslassen-Ritual ist schnell erklärt. Du suchst dir dafür einen Stein aus, legst ihn in deine Hände und lässt dort alles reinfließen, was du gern loslassen möchtest. Stell dir vor, dass deine Gedanken und Gefühle dazu aus Kopf, Herz oder Bauch über deine Hände in den Stein fließen. Falls dir das schwerfällt, kannst du auch Wörter auf den Stein schreiben. Dann spaziere mit ihm in die Natur, und wenn du eine gute Stelle gefunden hast, dann lege den Stein ab oder wirf ihn in ein Wasser (am besten nicht im eigenen Garten, sondern weiter draußen in der Natur). Drehe dich um und spüre beim Gehen die Leichtigkeit in deinem Körper.

Eine längere Version: Nimm dir ein paar Stunden Zeit für dich. Du solltest diesen Spaziergang allein machen. Du kannst dich mit jemandem verabreden, das Ritual gemeinsam zu machen, aber jede/r würde für sich gehen. Suche dir einen Ort in der Natur, den du kennst und wo du dich sicher fühlst. Er sollte bestenfalls nicht so stark frequentiert sein. Du kannst auch den eigenen Garten nehmen, aber besser wäre ein wilderer Ort. Wenn du dort angekommen bist, lege einen Stock auf den Boden oder markiere eine Linie. Das ist deine Schwelle. Stell dir vor, dass du beim Überschreiten dieser Markierung das Alte ganz bewusst hinter dir lässt – möglichst ohne Groll und Reue. Wähle stattdessen eine andere Haltung: Friede, Liebe, Vergebung, Eigenverantwortung. Vielleicht möchtest du noch einmal drei Mal tief ausatmen und die alten Gefühle über die Fußsohlen in den Boden abfließen lassen. Dann nimm dir eine bestimmte Zeit vor, die du möglichst ohne Erwartungen in der Natur verbringen möchtest, und stelle dir einen Wecker. Gehe bewusst über die Schwelle und öffne dich dabei für Neues. Lass dich von all deinen Sinnen durch die Natur leiten: Was siehst du? Was hörst du? Was riechst du? Und nimm auch einen Schatz mit, der sich dir zeigt: einen Tannenzapfen oder einen Stein. Dann kehre wieder über die Schwelle zurück in dem Wissen, dass du das Neue mitnimmst, aber das Alte vergangen ist. Wenn du zu Hause bist, schreibe das Erlebte auf oder teile es mit einer Vertrauten/einem Vertrauten. Und schau, welchen Schatz du als Symbol für das Neue in deinem Leben erhalten hast.

Dein Geschenk für den Alltag

Wähle eine neue Perspektive: Falls du in deinem Leben eine Absage oder eine Ablehnung bekommst, dann sage dir im Inneren: Danke, danke, danke! Ich weiß zwar nicht, wofür dies gut ist, aber ich vertraue darauf, dass ich es irgendwann verstehe und dass dies zu meinem höchsten Besten passiert. Je schneller du loslässt, umso eher öffnet sich der Raum der Möglichkeiten.

Hier kommen mehr Ideen, was du für dich im Alltag üben kannst. Es geht darum, dich noch besser kennenzulernen, die Verbindung mit deinem Körper zu stärken, ihn zu bewohnen, anzunehmen und etwas zu verändern:

- Wenn ein »unangenehmes« Thema auftaucht, dann nimm dir einen Moment und reflektiere für dich: Wie kann ich dies aus einer anderen Perspektive sehen (wohlwollender und authentisch positiv). Was habe ich daraus gelernt? Was wollte mir die Situation eventuell zeigen, mich wovor bewahren? Kann ich mich versöhnen, annehmen und weitergehen?
- Wenn du dich körperlich unwohl fühlst, verbinde dich mit dem sicheren Ort in dir. Finde Halt und Sicherheit in deinem Körper. Fühle es. Und schaue dir dann dein »Unwohlsein«

an. Was braucht es jetzt, damit es dir besser geht?

- Reagiere in Situationen, die immer wiederkehren und dich eventuell belasten, mal anders als sonst. Probiere intuitiv aus, was du auch noch tun kannst (z. B. anstatt wütend zu werden oder dich innerlich abzuschalten). Erkenne, dass du immer die Wahl hast und entscheiden kannst, wie du reagierst – auch noch mit Abstand. Manchmal ist es auch das Beste, sich erst einmal rauszunehmen und dann zu reagieren.
- Achte deine Bedürfnisse vollkommen. Übe es, »Nein« zu sagen, etwas abzusagen und auch »Ja« zu sagen zu allem, was dich in das Gefühl von Leichtigkeit und Freude bringt.

DIE SECHSTE RAUHNACHT

30. DEZEMBER

In die Intuition vertrauen

Monat im kommenden Jahr: Juni
Fokus auf: Deine innere Stimme und das Urvertrauen
Tagesmotto: Ich bin mein Kompass
Wiederkehrende Rituale: Wunsch verbrennen, (Traum-)Tagebuch, Orakelkarte ziehen, Räuchern
Impulse des Tages: Intuition stärken, geführte Meditation: »Deine Urkraft und dein Urvertrauen entdecken«

Kennst du diese Momente im Leben, in denen du hin- und hergerissen bist und dann wieder dorthin zurückkehrst, wo du deine Antwort zuerst gefühlt hast? Geschah es in deinem Bauch mit einem leichten Prickeln? Oder in deinem Herzen mit einem spontanen Glücksspuls? Mit dem Verstand lässt sich hier nichts klären oder erklären, du wusstest einfach: Das ist der Weg. Du hast es intuitiv gespürt – ohne bewusstes Nachdenken. Dein Bauchgefühl hat dir gesagt, was richtig für dich ist.

Intuition ist ein spontanes Wissen oder Verständnis, das aus unserem Bauchgefühl heraus entsteht und sich als ein Gefühl der Gewissheit oder der Überzeugung äußern kann.

Intuition kann auch mit unserer körperlichen Reaktion auf Situationen und Ereignisse verbunden sein. Zum Beispiel kann unser Körper uns Signale geben, wenn wir in Gefahr sind oder wenn wir uns in einer stressigen Situation befinden. Diese körperlichen Signale helfen, Entscheidungen zu treffen und uns vor potenziellen Gefahren zu schützen.

Eine unserer weiblichen Superkräfte ist die Intuition, die uns wie ein Kompass durch das Leben führen kann, wenn wir diese Stimme wahrnehmen und wenn wir ihr vertrauen. Ja, wenn wir ihr Raum geben. Obwohl Intuition oft als eine spontane Fähigkeit beschrieben wird, kann sie durch Erfahrung und Aufmerksamkeit gestärkt werden. Durch die bewusste Auseinandersetzung mit unseren Gefühlen und Empfindungen können wir lernen, unsere Intuition besser zu verstehen und zu nutzen.

Zunächst ist es nicht immer einfach, diese Stimme von allen anderen in uns zu unterscheiden und herauszufiltern. Oft sprechen viele durcheinander: die Angst, die Vernunft, die Unsicherheit oder auch Stimmen, die wir von anderen oder aus dem Kollektiv übernommen haben wie: »Wenn du deinen Job kündigst, landest du auf der Straße.« Vielfach steckt tief darunter eine Angst vor Veränderung. Und leider schwirren dort auch überholte Vorstellungen zum Thema Frausein herum, die uns zurückhalten und uns raten, lieber nett und angepasst zu sein, weil das sicherer sei.

Schließlich sprechen da so einige Gedanken und Impulse in uns, viele davon bremsen uns oder verwirren uns. Vor allem, wenn es um Entscheidungen geht. Dann geraten wir ins Grübeln, fragen um Rat, wägen ab und sind am Ende verwirrter als noch davor. Dabei ist der einfachste, wenn auch nicht immer bequemste oder logischste Weg, der Intuition und damit deiner Wahrheit zu folgen, die jenseits von richtig und falsch liegt. Stelle dir also selbst die Frage: Was war dein erstes Gefühl? Was fühlt sich für dich stimmig und wahrhaftig an?

Was ist Intuition?

Die Stimme in dir,
… die zuerst zu dir spricht oder sich als Körperimpuls meldet.
… die an dich glaubt und besonders liebevoll mit dir kommuniziert.
… die sanfter und leiser ist als alle anderen Stimmen.
… die keine Angst hat, sondern es trotzdem wagt.
… die dir ein gutes »Bauchgefühl« oder ein wohliges Prickeln im Herzen gibt.
… die bedingungslos liebt und vertraut.

Besonders anspruchsvoll wird es, wenn es um Liebesbeziehungen geht und sich so viele Gefühlslagen und so viel Wunschdenken in uns vermischen, vor allem, wenn wir uns selbst und mögliche Verhaltensmuster, die zu

Verstrickungen führen können, noch nicht kennen. Dann lassen wir uns auch mal in die Irre führen, weil wir das vertraute Gefühl der Bindungsmuster, die oft unseren Mangel ausgleichen, mit dem Ja-Bauchgefühl verwechseln. Wenn wir verliebt sind, dann sind wir zu Beginn so aktiviert, dass unser ganzer Körper gefühlt ein Ja ist, was super ist, aber trügerisch sein kann. Dann hilft es, sich selbst genau zu beobachten, zwischendurch die Vogelperspektive einzunehmen.

Umwege sind auch Wege

Es ist nicht so schlimm, wenn wir uns erst einmal verirren und in eine andere Richtung gehen, denn auf die Intuition ist Verlass, sie wird sich immer wieder bei dir melden. Sie hört niemals auf, sich bemerkbar zu machen. Sie ist immer für dich da und frei von Angst. Daran erkennst du sie am besten: an dieser leisen Gewissheit, die dich an den für dich stimmigsten Ort führt. Wenn du mit der Intuition verbunden bist, triffst du keine Entscheidungen. Sie sind einfach da, weil du keine andere Wahl mehr kennst.

Um mit deiner Intuition wieder mehr in Kontakt zu kommen, darfst du dich zuerst einmal fragen – ohne darüber nachzudenken: Wo in deinem Körper ist sie zu Hause? Die erste Antwort ist es. Dann fühle dorthin und schicke deiner inneren Stimme die Erlaubnis, sich lauter drehen zu dürfen. Versprich, dass du hinhören wirst.

Hier kommen meine Ideen, wie du den Kontakt intensivieren kannst:

- Verbinde dich immer mal wieder in Alltagsmomenten mit dem Ort in deinem Körper, wo die Intuition zu spüren ist (oft im Unterbauch oder im Herzen).
- Wandle Kontrolle, Ungeduld und Unzufriedenheit sofort in Vertrauen, indem du es spürst und größer werden lässt als die Fragezeichen. Lebe deine Antworten und schaue, wie es sich anfühlt. Du kannst immer und jederzeit wieder die Richtung ändern.
- Bitte das große Ganze/das Göttliche (was auch immer für dich stimmig ist) konkret um Unterstützung, wenn du an einem Punkt nicht mehr weiterweißt. Dann kommen neue Lösungen, Perspektiven, passende Menschen, neue Chancen, die du intuitiv wahrnimmst.
- Geh in den Dialog mit deiner Intuition und gib ihr Raum, sich zu zeigen. Ein Weg ist z. B. Journaling. Stell dir selbst eine Frage (oder lass es auch ganz offen) und schreibe für zehn Minuten auf, was dir deine Intuition sagen möchte. Oder meditiere mit der Absicht, dir selbst zuzuhören. Und folge den Impulsen, die unverfälscht aus dir kommen. Manchmal ist es nicht so einfach zu unterscheiden: Was kommt aus dem Ego/Verstand, und was ist deine innere Stimme, die vertraut? Manchmal erfordert es Mut, den Impulsen zu folgen. Aber wenn du den Weg gehst, fühlt es sich stimmig an.
- Mache Erfahrungen mit deiner Intuition. Was passiert, wenn du ihr in kleinen Dingen folgst? Etwa:

- Du sagst eine Verabredung ab, weil du das Gefühl hast, das Treffen wird dir nicht guttun.
- Höre vor allem auf deine körperlichen Signale und nimm sie ernst.

Das Urvertrauen zurückerobern

Wenn wir uns mit der Intuition und dem Vertrauen zu unserem eigenen Weg und unserer eigenen Stimme beschäftigen, lohnt sich auch ein Blick auf das Urvertrauen. Dies ist eine Qualität, mit der jede:r von uns auf die Welt kommt.

Es ist diese innere Überzeugung und Haltung, dass die Welt und die Menschen grundsätzlich gut sind und dass wir auf eine grundlegende Weise sicher in der Welt sind. Es ist dieses tiefe Vertrauen, das wir von Geburt an in uns tragen und das uns ermöglicht, uns selbstbewusst und entschlossen weiterzuentwickeln.

Ein starkes Urvertrauen kann dazu beitragen, dass wir uns im Leben sicher und geborgen fühlen, uns leichter auf Beziehungen und neue Erfahrungen einlassen und besser mit Stress und Herausforderungen umgehen können. Ein Mangel an Urvertrauen kann hingegen zu Ängsten, Unsicherheit und einem geringen Selbstwertgefühl führen.

Die ersten Beziehungen, die wir als Säuglinge zu unseren erwachsenen Bezugspersonen aufbauen, können einen großen Einfluss auf die Entwicklung unseres

Urvertrauens haben. Wenn unsere Bedürfnisse als Säuglinge regelmäßig erfüllt wurden, fühlen wir uns als Erwachsene sicher, geborgen und geliebt, und unser Urvertrauen entwickelt sich positiv. Das ist aber nicht selbstverständlich bei allen so.

Im Laufe des Erwachsenwerdens gibt es auch Erfahrungen oder Erlebnisse, die an diesem Urvertrauen rütteln. So geraten auch wir ins Wanken, und je nachdem, wie stark dann dieses Urvertrauen gebrochen ist, suchen wir den Halt auf andere Arten wie zum Beispiel in Liebesbeziehungen als Ersatz, der aber nie so stabil sein kann.

Letztlich ist es nicht schlimm, wenn wir feststellen, dass wir den Kontakt zum Urvertrauen wieder herstellen dürfen. So können wir den Wert erkennen, dorthin zurückkehren und das Gefühl nachhaltig für uns verankern. Es reicht dabei aber nicht aus, dass wir uns selbst sagen: Ich vertraue in das Leben. Wir brauchen auch hier das Körpergefühl dazu. Deswegen habe ich dir eine geführte Meditation aufgenommen, die dich mit deinem Urvertrauen verbindet. So kannst du heute den Grundstein legen. Du findest die Meditation »Deine Urkraft und dein Urvertrauen entdecken« zum Download über einen QR-Code auf Seite 259. Viel Freude damit!

Aus der Quelle schöpfen:
Die Weisheit der weiblichen Energie

Vertraue dir selbst!

Im Außen wirst du nicht finden, was in deinem Inneren schlummert. Wache auf und erinnere dich, dass du mit einem Kompass auf die Welt gekommen bist, der dich sicher begleitet und niemals in die Irre führt.

Höre, fühle, sehe, schmecke, rieche.

Und vertraue. Wo du dich fühlst, findest du deine Wahrheit. Unter allen Schichten liegt dein Fundament, auf dem du bauen kannst.

Lass dich nicht verwirren oder in die Irre führen. Du hast immer gefühlt, was deine Richtung ist. Aber dir hat das Vertrauen gefehlt, dieser Wahrheit zu folgen.

Erinnere dich. Du weißt. Und dieses Wissen fühlt sich anders an als das, was andere dir vermitteln. Das innere Wissen ist eine Gewissheit.

Raum und Entfaltung für dich

Ich habe mal auf Reisen eine wunderbare Frau kennengelernt, die mir erzählte, dass sie in Brasilien gelebt hat. Dort wohnte sie bei einer Frau, die zu bestimmten Zeiten des Tages für nichts und niemanden erreichbar war, absolut konsequent. Wenn sie jemand fragte, was sie denn da so in der Zeit mache, antwortete sie immer dasselbe: »Ich lackiere meine Nägel und spreche mit Gott.« Ich fand das so gut, dass ich diese Routine übernahm. Und es erinnerte mich daran, dass wir auf Social Media und in Ratgebern immer wieder ähnliche Tipps zum Thema Achtsamkeit und Meditation erhalten. Aber nicht alle haben Lust darauf. Finde genau die Zwischenräume und Inseln, die zu dir passen, und bleibe dann dran! Auch dafür braucht es die Intuition – um zu wissen, was dir momentan guttut, und fein wahrzunehmen, wann sich das ändert oder nicht mehr stimmig ist. Was wäre für dich ein guter Moment, um deiner inneren Stimme zu lauschen? Und wie findet dein Inneres einen Ausdruck?

Ich habe zum Beispiel neben dem Schreiben auch Singen und Malen für mich entdeckt – und dabei geht es mir nicht darum, dass das Ergebnis irgendwie wirkt oder ankommt. Ich folge einfach meinem Flow und lasse die Farben auf der Leinwand tanzen und die Töne im Raum schwingen. Um das zulassen zu können, musste ich mich auch erst einmal überwinden.

Unzählige Male bin ich bewertet worden: wie ich singe, wie ich male, wie ich schreibe. Mir blieben die negativen

Kommentare und absurden Momente oft viel zu lange im Kopf hängen. Du kannst es niemals allen anderen recht machen oder allen gefallen. Aber wenn du deiner Intuition folgst und deiner inneren Stimme Ausdruck verleihst, wirst du authentisch und sichtbar. Und nicht alle werden es gut finden. Das ist okay. Du kannst deine Energie sowieso nicht auf unzählige Menschen fokussieren.

Vertrauen in dich

Wenn du deiner Intuition und inneren Wahrheit folgst, kann sich dein Leben für dich positiv verändern. Und du gewinnst mehr Vertrauen in dich und deinen Weg, was ein unschätzbarer Wert ist. Habe keine Angst, dass du jemanden verlierst. Hab keine Befürchtung vor Ablehnung, sondern fokussiere dich auf all die tollen Menschen, die du noch treffen wirst und die noch besser zu dir passen, weil du nun dein Inneres lebst und dir treu bist. Wenn du auf deinem Weg bist, kannst du dich nicht verirren, und Fehler sind Erfahrungswerte. Du wirst dich auf jeden Fall besser fühlen, weil du nichts mehr von dir zurückhältst und voller Vertrauen in dich sein kannst.

Dein Geschenk für den Alltag

Nimm dir vor, regelmäßig Raum für dich zu schaffen, um zu fühlen, wie es dir geht, und um zu hören, was deine Intuition dir sagen möchte. Welche Momente könnten das sein? Schreibe sie dir als festen Termin in deinen Kalender oder verknüpfe sie mit einer wiederkehrenden Situation in deinem Alltag.

DIE SIEBTE RAUHNACHT

31. DEZEMBER

Dein Leben gestalten

Monat im kommenden Jahr: Juli
Fokus auf: Manifestieren und positiv ausrichten
Tagesmotto: Ich erschaffe eine Liebesbeziehung mit dem Leben
Wiederkehrende Rituale: Wunsch verbrennen, (Traum-)Tagebuch, Orakelkarte ziehen, Räuchern
Impulse des Tages: Visionsboard, die Kunst des Manifestierens, Orakelspaß

Heute liegt dieses bestimmte Gefühl in der Luft: Das Jahr hat nur noch wenige Stunden und diese prickelnde Vorfreude auf das neue Jahr ist schon da. Kannst du es fühlen? Dazu mischt sich die Hoffnung, dass manches besser oder anders wird. Und der Wunsch, dass anderes genau so bleibt. Ja, und dass um eine Minute nach Mitternacht auch die Geister aus dem vergangenen Jahr verschwinden, die uns Sorgen oder Ärger bereitet haben.

Ich kenne es, dass auf Silvesterpartys auch oft viel Druck liegt, dass es besonders werden soll, damit das kommende Jahr unser Traumjahr wird. Den Druck will ich dir gleich nehmen: Du kannst dein Leben in jedem Moment neu ausrichten. Die Silvesternacht ist nur ein

Übergang. Wenn du diesen ein klein wenig bewusster als sonst erleben möchtest, dann ist es besser, dich nicht vollkommen zu betrinken und genau zu entscheiden, mit wem du diese Nacht verbringen magst. Übrigens: Ich habe auch schon ein paar Mal ganz bewusst Silvester mit mir verbracht oder bin nach einem kleinen Ritual, bei dem ich mich positiv ausgerichtet habe, mit meinen Wünschen im Herzen einfach schlafen gegangen. Dann habe ich es wieder richtig krachen lassen und habe mir vorgestellt, dass jede Rakete oder jeder Böller alle meine Wünsche befeuert und aktiviert. Was brauchst du heute Abend, damit die Party nicht einfach an dir vorbeirauscht? Ist es ein Moment mit deinen Liebsten, wo ihr noch einmal erzählt, was die allerschönsten Momente in diesem Jahr waren? Möchtest du noch einmal für dich allein reflektieren? Und vor allem: Wie möchtest du in die Zukunft, den Raum der Möglichkeiten schauen?

Aus der Quelle schöpfen: *Die Weisheit der weiblichen Energie*

Alles ist möglich!

Du bist nicht allein, wir stehen hinter dir, während du nach vorne schaust. Fühle unsere Kraft.

Was ist es, was du erschaffen möchtest, geliebte Schwester? Es liegt in deinen Händen.

Spüre, dass alles möglich und bereits da ist, im Raum der Realitäten und Möglichkeiten. In allen Dimensionen.

Lass dich nicht aufhalten. Mut ist, wenn du es trotzdem wagst. Denke und fühle groß, damit Großartiges entstehen kann.

Du bist die Lösung und die Antwort auf alle deine Fragen. Wir schauen mit liebenden Augen voller Hoffnung auf dich, aber ohne Erwartungen.

Sieh dich in der Zukunft und spanne ein Band, das dich mit dieser wunderbaren Frau verbindet. Und dann gehe jeden Schritt nur im Moment. Vertraue in jeden Augenblick. Komme an, damit du noch weiter gehen kannst.

Die Kunst des Manifestierens

Bestimmt hast du schon einmal davon gehört, dass wir etwas manifestieren können. Aber was heißt dies eigentlich? Manifestieren bedeutet, etwas durch Gedanken, Energie und Handlungen in die Realität zu bringen. Das tun wir ständig – aber eher unbewusst. Wenn wir unser Leben gestalten möchten, dann geht es darum, diesen Prozess bewusst zu machen, indem wir unsere Ziele, Wünsche oder Träume klar definieren und uns aktiv darauf fokussieren, sie zu erreichen.

Beim Manifestieren geht es darum, eine starke innere Überzeugung zu entwickeln, dass das Gewünschte bereits existiert oder erreicht werden kann. Es beinhaltet auch, positive Gedanken und Emotionen mit dem Ziel zu verbinden und sich vorzustellen, wie es sich anfühlen würde, das Gewünschte bereits erreicht zu haben.

Es ist wichtig, zu beachten, dass das Manifestieren nicht bedeutet, dass man sich etwas wünscht und es automatisch passiert. Wir können nicht wie bei einer Online-Bestellung einfach ein paar Klicks machen, und dann wird alles geliefert. Es braucht deine aktive Beteiligung, positive Energie und manchmal auch eine gewisse Ausdauer, die wir mit Vertrauen erreichen. Und das kann niemand für uns übernehmen.

Du bist die Magierin in deinem Leben, und du kannst deine Geschichte schreiben. Darum geht es: die beste Version von dir zu zeigen und zu entfalten, die schon existiert. Und es darf Spaß machen, auch wenn es Hindernisse gibt! Es geht darum, sich jetzt schon vollständig zu fühlen und aus dieser Fülle Neues entstehen zu lassen. Dabei sollten wir uns nicht zu sehr an fixe Ideen klammern, aber dennoch genaue Vorstellungen haben. Und diese auch wieder loslassen für den Fall, dass das Leben eine noch bessere Idee für uns hat. Das klingt paradox, ich weiß. Aber es ist auch hier diese gelassene Mischung aus geschehen lassen und immer wieder so ausrichten und handeln, dass es in die passende Richtung geht. Wichtig ist auch dein Warum und Wofür. Wie möchtest du dich fühlen, wenn du ein bestimmtes Ziel erreicht hast? Du brauchst einen Grund als Motivation, der dich ins Fühlen bringt.

Außerdem ist eine positive Ausrichtung nicht mit toxischer Positivität zu verwechseln. Wenn wir uns optimistisch durch das Leben bewegen, bedeutet das nicht, dass wir alles weglächeln, allen immer sagen, dass es uns gut geht, und dass wir andere immer belehren: Mach das Beste draus und sieh alles positiv. Das kann übergriffig sein.

Moderne Spiritualität bietet auch Möglichkeiten, den eigenen Problemen zu entkommen, indem wir sie wegdrücken (»Das ist nur das Ego!«), kleinmachen (»Das ist nur mein verletztes inneres Kind«) oder vernachlässigen, indem wir Meditation nur als Ort sehen, wo wir (uns) abschalten wollen, und Yoga nur als einen Weg, den Körper nach einem gewissen Schönheitsideal zu formen und nach außen so auszusehen, als hätten wir alles im Griff.

Was ich dir empfehle, ist, noch einmal deine Kernwünsche (falls du welche hast) oder die Ausrichtung für dein Leben ganz genau aufzuschreiben. Vermutlich doppelt es sich mit deinen Rauhnachtswünschen, das ist aber egal. Nimm einfach die Wünsche, die dir besonders wichtig sind, und beschreibe sie noch detaillierter, male dir aus, wie es für dich aussieht und wie immer ganz wichtig: wie es sich anfühlt. Beschreibe alles so, als sei es bereits Realität. Dann verstaue die Wünsche in deinem Herzen, damit du um Mitternacht noch einmal dorthin fühlen kannst – einfach einen Atemzug die Hand aufs Herz legen und kurz abrufen, was dort schlummert und sich entfalten möchte. Übrigens ist es nicht immer so, dass wir noch mehr brauchen, um uns zu verändern. Spüre mal nach: Kann es sein, dass es darum geht, genauer hinzuschauen, was schon alles da ist? Was möchtest du freilegen? Und kann dadurch das Neue entstehen? Und darf es einfach sein?

Versuche, so oft es geht, präsent mit deiner positiven Ausrichtung zu sein. Deinen Körper bewusst wahrzunehmen und dich in das Gefühl von Freude, Liebe und Dankbarkeit zu bringen. Von hier aus kannst du deine Grundwerte spüren, leben und danach handeln. Achte auch darauf, dass du aus der Einheit handelst. Erinnere dich in jedem Moment daran, dass alles eins ist, dass alles in Verbindung miteinander steht und alles Energie ist. Und was ändert dies dann für dich? Wie kannst du Zusammenhänge nun verstehen? Und erkennst du, dass du der Sender in deinem Leben bist?

Richte dich bitte im Inneren immer wieder neu aus:

- Öffne dich für neue Erkenntnisse und Perspektiven in deinem Leben. Versuche, neue Wege zu gehen und wirklich umzudenken.
- Klar ausgerichtete und positive Gedanken in Kombination mit Gefühlen wie bedingungsloser Liebe und Freude sind entscheidend. Falls es dir nicht immer leichtfällt, versuche es trotzdem, so gut es geht. Es reicht, bei schönen Gedanken zu lächeln, auch wenn du die Freude noch nicht fühlst.
- Sorge dich nicht zu sehr (es sei denn, du bist akut in Gefahr). Geh ins Vertrauen, wenn du diffuse Angst

fühlst. Fühle das Vertrauen im Unterbauch, lass das Gefühl stärker werden und erde dich.

- Wenn etwas anders als geplant läuft: Kannst du es akzeptieren? Und ist es vielleicht besser für dich?
- Spüre mal hinein, welche unsichtbaren und sichtbaren Unterstützer:innen du hast! Bitte um konkrete Unterstützung. Spirituelles Wachstum wird immer unterstützt. Wenn du also bei allem, was du erreichen möchtest, das innere Wachstum priorisiert, bist du nie allein. Ein Beispiel: Wenn du einen neuen Job möchtest, dann bitte um Hinweise, Zeichen und konkrete Chancen – und ergänze die Begründung »um spirituell zu wachsen«.
- Vertraue: Es ist alles gut, und alles ist möglich. Alles kommt und geht zur passenden Zeit.

Dein Leben ausmalen und gestalten

Wie wäre es, wenn du ein Visionsboard erstellst? Dabei geht es um alle Bereiche in deinem Leben: Beziehungen (zu dir und anderen), Finanzen und Beruf, Abenteuer und Wissenserweiterung, dein Lebensumfeld und dein Wirken in der Welt, Gesundheit und deine Spiritualität. Wo möchtest du hinwachsen? Wo fühlst du dich bereits angekommen? Dort können auch Menschen, Momente usw. auftauchen, die du in deinem Leben haben möchtest. Verbinde dich mit dir und deinem Ich in der Zukunft, fühle und visualisiere, als sei es real. Dann bringe alles in eine Form. Sei dabei gern kreativ. Du kannst ein Bild malen, du kannst dir Sätze und Wörter aufschreiben oder eine Collage mit Bildern aus Magazinen erstellen. Falls du keine Zeit hast, schreibe dir ein oder zwei Sätze auf, die das ausdrücken, was du fühlst. Ein Beispiel: Mein Leben ist leicht und unbeschwert. Alles findet mich zur richtigen Zeit. Gut wäre, wenn du das Bild/die Worte jeden Tag siehst und dich mit ihnen verbinden kannst. Wichtig: Auf dein Visionsboard (du kannst natürlich auch noch eins mit deiner Familie/deinem Partner/deiner Partnerin erstellen) gehören nur deine eigenen Kreationen. Sei ehrlich zu dir selbst und schaue, was genau dir wichtig ist. Ist der Hauskauf dein sehnlichster Wunsch, oder ist es insgeheim der Wunsch deiner Eltern? Und sei auch gern nicht bescheiden. Ich kenne Frauen, die einen Flug ins All auf ihrem Visionsboard aufgemalt haben. Wieso nicht?

Ängste und Zweifel

Meine Erfahrung ist, dass wir eine Weile die Vergangenheit und Gegenwart so weit aufräumen und klären dürfen, um dann neu ausgerichtet nach vorne zu schauen.

Das ist nicht immer der einfachste Teil. Aber einer der Gründe, warum sich unser Leben manchmal doch nicht dahin wendet, wohin wir es wünschen, und wir dann hoffnungslos werden, sind tiefe Ängste (auch vor der Veränderung) und Zweifel. Oder die mangelnde Selbsterlaubnis: »Das wäre zu schön, um wahr zu sein« ist ein Satz, der blockieren kann, dass wir unseren Zielen näher kommen, weil wir nicht daran glauben, dass wir es verdient haben oder dass es möglich ist, in so einer Fülle zu leben. Oder weil andere in unserem Umfeld uns kleinhalten wollen. Es können auch Sätze von anderen sein, die sich tief eingeprägt haben (»Du wirst es nie zu etwas bringen«, »Du kannst nicht mit Geld umgehen«).

Dann darfst du dir selbst erlauben, zunächst in den inneren Reichtum zu kommen, indem du das Mangeldenken durch positive Glaubenssätze ersetzt: »Es gibt viele Möglichkeiten für mich« und »Ich erlaube, dass sich mein Leben verändert«. Dies geschieht nicht von heute auf morgen. Nimm es einfach mit ins nächste Jahr und merke, wann du dir selbst etwas versagst, dich ausbremst und in das Gewohnte zurückkehrst, weil es dir vertrauter ist. Das gilt übrigens auch für Menschen, die sehr viele äußere Reichtümer haben. Meine Erfahrung ist, dass manche diese nicht immer genießen können, weil sie Angst haben, viel zu verlieren, weil sie im Inneren nicht erfüllt sind oder weil sie noch tiefer das Gefühl haben, das Geld nicht verdient zu haben (etwa ein Erbe). Das mag nach Luxusproblemen klingen, aber es lohnt sich, die Perspektive einzunehmen, aus dem Mangel in die Fülle zu gehen – erst im Inneren und dann im Äußeren. Und auch einen Teil des Geldes, der nur für scheinbar Sinnloses ausgegeben werden darf, auf ein Spaßkonto zu überweisen. Das ist wichtig für Menschen, denen es schwerfällt zu genießen und die sich nie etwas gönnen.

Die Angst vor Veränderung ist vielleicht verknüpft mit einer alten Erfahrung und oft auch mit einem übertriebenen Sicherheitsdenken. Wir alle brauchen Sicherheit. Doch was ist überhaupt Sicherheit? Da lohnt sich auch ein Perspektivwechsel. Ich bin seit vielen Jahren selbstständig mit Höhen und Tiefen. Ich habe auch mal Aufträge verloren oder Durststrecken gehabt, aber es kam immer etwas Neues, und ich war nie arbeitslos. Danke, danke, danke! Andere, die sich anscheinend sicher gewähnt haben, verloren ihren festen Job aus heiterem Himmel und fielen in eine ziemliche Krise. Weil sie dachten, sie seien unkündbar und die Gefahr liege in der Selbstständigkeit. Es gibt kein besser oder schlechter, sondern auch hier nur den eigenen Weg. Allein das oft gebrauchte Wort Vorsorge suggeriert, dass wir ständig in Angst und Schrecken vor Dingen leben, die gar nicht passiert sind. Dabei ist es auch ein Weg, sich zu sagen: Ich überquere das Hindernis oder die Brücke, wenn ich dort bin. Natürlich ist es wichtig, sich entsprechend abzusichern, aber nicht laufend in übertriebener Sorge zu sein. Warum haben wir Angst, etwas zu wagen, wenn wir in Deutschland, Österreich und der Schweiz nicht tief fallen können? Die Zeiten waren nie besser, insbesondere für uns Frauen, das Leben in die Hand zu nehmen und es zu vergolden.

Auch hier kannst du erst einmal die Veränderung für dich positiver besetzen. Wenn du dies möchtest, dann sag dir jetzt ein bekräftigendes JA!

Natürlich bedeutet dies, immer etwas hinter sich zu lassen. Aber nur so kannst du voranschreiten. Es ändert sich nur etwas, wenn du etwas änderst. So einfach, aber manchmal auch schwer ist das.

Wichtig dabei ist, dass es nicht reicht, das Mindset zu ändern. Wir dürfen in der Tiefe erforschen, woher unsere Gedankengänge kommen, welche Erfahrungen und Überzeugungen damit verbunden sind, welche Gefühle im Körper gespeichert und diese dann transformieren.

Die Wünsche befeuern

Deine Wünsche und Ziele laut auszusprechen, sie aufzuschreiben und aufzumalen, ist vergleichbar damit, einen Samen in die Erde zu bringen, damit die Pflanze in ihrem Tempo und auf eigene Art wachsen kann. Dennoch braucht sie Licht und Wasser dafür. Doch wie gießen wir unsere Wünsche, die wir im Herzen lagern? Indem wir das Warten loslassen und vertrauen und indem wir sie so oft es geht mit positiv energetisierenden Emotionen und Bewusstseinsständen fluten und damit befeuern.

Belebende Emotionen sind dabei Freude, Liebe, Leidenschaft und Lust, Glücksgefühle. Eher schwächende Emotionen sind: Angst, Traurigkeit, Hass und Neid. Übrigens hat Wut auch eine stark aktivierende Wirkung. Ich habe an mir und anderen Frauen oft beobachtet, dass Wut unterdrückt wird, weil sie aggressiv oder unverschämt rüberkommen könnte. Es geht nicht darum, die Wut blind auszuleben – aber sie dennoch als Kraft zu spüren, die dich weiterbringen kann. Nimm Wut als Energie wahr und komm damit in Bewegung. Sie kann einen aus einer gefühlten Erstarrung oder Ohnmacht in die Handlung bringen.

Einen entscheidenden Einfluss auf unsere hausgemachten Emotionen haben unsere Gedanken. Wir haben Zehntausende Gedanken pro Tag. Und die meisten davon sind eher negativ und wiederholen sich – das können wir an uns selbst beobachten. Sie bedienen damit eher die Emotionen, die uns runterziehen. Deshalb ist so ein wichtiger Hebel, wie wir denken oder auf Alltagssituationen reagieren. Und wir können es ändern!

Mir hat dabei sehr geholfen, eine neue Perspektive einzunehmen und mich immer wieder für die Liebe und das Vertrauen anstatt für die Angst zu entscheiden.[7] Das bedeutet aber auch, dass ich mich natürlich auch dabei beobachte, wie ich in die Negativität abrutsche. Wenn etwas nicht so läuft, wie ich es mir gewünscht habe, hole ich mich aus den Zweifeln an mir raus, indem ich vertraue, dass es zu meinem Besten geschieht. Wo ich früher vielleicht Neid gefühlt habe, bin ich nun neugierig und frage Menschen, die etwas haben, was ich mir wünsche, wie sie dazu gekommen sind. Ich glaube, wenn ich jemanden treffe, der etwas gemeistert hat, was ich noch nicht habe, dass es für mich auch möglich sein kann, und ich bade mich ein wenig in der Erfolgsenergie, um zu lernen. Wenn ich das Schlechte in der Welt sehe, dann lasse ich mich nicht entmutigen, sondern handle im Rahmen meiner Möglichkeiten, um dem entgegenzuwirken: Ich spende Geld, ich lebe in Frieden, und ich entscheide mich für nachhaltig hergestellte Produkte.

Es gibt Momente im Leben, in denen wir traurig sind. Die Kunst ist, auch den Funken Freude zu spüren und darauf zu vertrauen, dass alles vorbeigeht und sich wieder ändert. Wichtig ist, nicht in einem negativen Gefühl dauerhaft hängen zu bleiben. Das zieht mehr Negativität an und raubt uns Energie.

Die nächsten Schritte

Im Gegensatz zu Vorsätzen, die oft damit zu tun haben, dass wir uns gefühlt zwingen, einschränken oder verzichten: mehr Sport, weniger Zucker, sparsamer leben, geht es bei den Zielen um eine langfristige, nachhaltige und entspannte Perspektive. Wir schauen eher, was für uns in kleinen Schritten machbar ist, was uns Freude bringt und erfüllt. Dabei geht es weniger um Selbstoptimierung und übertriebene Disziplin, woraus noch mehr Stress entstehen kann. Wollen und Dranbleiben, ja! Aber dabei auch immer mehrheitlich im Genießen, in der Leichtigkeit und Freude zu bleiben ist das Ziel. Das bedeutet nicht, dass wir auch mal unbequeme Dinge machen müssen und uns mit eher langweiligeren Themen auseinandersetzen müssen. Das gehört dazu, aber wenn wir wissen, warum wir es machen (zum Beispiel für unsere finanzielle Freiheit oder ein sicheres Gefühl), dann fällt es uns leichter.

Wenn du nun also auf das schaust, was dir wichtig in deinem Leben ist, dann schau mal, welche Handlungen dafür nötig sind und wie du sie Schritt für Schritt umsetzen kannst, jeden Tag in gut machbaren Etappen. Schreibe es dir auf, damit du gleich nach den Rauhnächten losgehen kannst. Und es ist oft leichter, wenn wir uns Unterstützung holen oder Gruppen anschließen, die ein ähnliches oder das gleiche Ziel haben.

Spaß am Orakeln

Mit dem Wissen, dass du dein Leben gestaltest und erschaffst, bist du auch sicher vor finsteren Weissagungen oder komischen Sprüchen aus Glückskeksen. Aber dennoch kann das Orakeln für das kommende Jahr viel Spaß machen, wenn du es mit Leichtigkeit und heute in einer geselligen Runde machst.

Oft entstehen dadurch auch interessante Gespräche. Bevor du eine Karte ziehst oder Blei gießt, verbinde dich mit einem bewussten Atemzug mit dir selbst und spüre in dein Herz, wo deine Wünsche lagern. Wenn du mit anderen orakelst, lege vorher fest, was dir wichtig ist, etwa: Du möchtest keine Ratschläge oder negativen Prophezeiungen hören, und die Interpretation ist deine Sache.

Dein erster Impuls und dein eigenes Gefühl zählen. Habt vor allem Spaß dabei!

Hier kommen ein paar Ideen, wie du allein oder mit anderen orakeln kannst:

- Der Klassiker: Besorge dir ein Set zum Blei- oder Wachsgießen und schaue, was dir die wilden Formen im Schattenwurf sagen wollen. Meist kommen dabei ja etwas undefinierbare Häufchen oder Tropfen heraus, aber es ist immer ein Lacher.
- Selbst gemacht: Glückskekse, die es zum Kaufen gibt, haben, wie ich finde, immer eher etwas merkwürdige Witze und Sprüche als Inhalt. Aber wie wäre es, wenn du eigene Glückskekse mit schönen Botschaften und Zitaten erstellst?
- Magische Botschaften: Orakelkarten kennst du ja bereits, wenn sie dich in den Rauhnächten begleiten. Ziehe heute eine in der Runde mit dem Fokus auf diesen Abend des Übergangs. Du kannst zum Beispiel auch eine Karte für das alte und eine für das neue Jahr ziehen. Es kann ein tiefgründiger Austausch entstehen, wenn wir über die Karten etwas über uns selbst erzählen.
- Mal etwas anderes: Gehe an dein Buchregal und schlage ein Buch auf einer Seite auf. Lies den ersten Satz, der dir ins Auge fällt oder wo dein Finger

hinzeigt, und schaue, welche Bedeutung dies für dich haben könnte.

- Die Weisheit der Pflanzen und Tiere: Welches Tier und welche Pflanze kommen dir in den Sinn oder sind dir in letzter Zeit häufiger begegnet? Welche Qualitäten bewunderst du an deinem Tier oder der Pflanze? Und wie kannst du diese noch mehr in dein Leben integrieren?
- Mystische Symbole: Runen sind ein altes germanisches Alphabet, das zur Weissagung verwendet wurde. Dazu brauchst du ein Set von Runensteinen (oder du bastelst es dir selbst) und du lernst durch spezifische Bücher oder Anleitungen im Internet, wie man sie wirft und deren Bedeutung interpretiert. Die Symbole können dich auch bestärkend im kommenden Jahr begleiten.
- Innerer Dialog: Wenn du einen guten Zugang zur Meditation hast, kannst du im Inneren Kontakt zu deinem Zukunfts-Ich aufnehmen – also eine Version von dir in der Zukunft, die dir eine Botschaft und Tipps mit auf den Weg geben möchte.

Dein Geschenk für den Alltag

Nimm dir jeden Morgen einen Moment, um dich positiv auszurichten. Erinnere dich an deine Ziele und Wünsche. Lass sie in deinem Herzen lebendig sein und befeure sie mit deiner Freude, mit Liebe und Vertrauen. Das ist schon alles!

DIE ACHTE RAUHNACHT

1. JANUAR

In Freude und Leichtigkeit sein

Monat im kommenden Jahr: August
Fokus auf: Gelassenheit leben und Freude als Motor entdecken
Tagesmotto: Ich lasse das Leben auf meiner Seite sein
Wiederkehrende Rituale: Wunsch verbrennen, (Traum-)Tagebuch, Orakelkarte ziehen, Räuchern
Impulse des Tages: Die Kunst des Nichtstuns, Lust aktivieren, geführte Meditation: »Leichtigkeit und Freude in dir aktivieren«

»Savoir-vivre« ist für mich so ein wundervoll klingender französischer Begriff, genauso wie »Dolce far niente« (»süßes Nichtstun«) aus dem Italienischen oder »Alegría de vivir« (spanisch für Lebensfreude). Auch im skandinavischen Kulturraum gibt es viele Worte, die mit Lässigkeit, Gemütlichkeit und Freude verbunden sind: »Hygge« (dänischer Ausdruck für Gemütlichkeit und bewussten Genuss, kleine Freuden) oder »Lagom« (schwedischer Ausdruck für das genau richtige Maß, ausgeglichenes Sein). Vielleicht ist bei dir auch das warme wohlige Gefühl eingekehrt, nun in der Ruhe angekommen zu sein und die stille Zeit zu genießen. Oder denkst du schon daran, dass bald wieder der Alltag mit all den Herausforderungen startet? Keine Sorge, du wirst die Rauhnächte mit ganz vielen Tipps für die Zeit danach verlassen. Und bestenfalls mit Gelassenheit und Freude. Versuche, im Moment zu bleiben.

Die Süße des Lebens

Ein Grund, warum ich sehr gern reise und an anderen Orten bin, ist die Inspiration, die dadurch entsteht, aber auch ein anderes Lebensgefühl, wenn ich an einem Ort bin, der mich dabei unterstützt, in die Gelassenheit und Lebensfreude zu kommen. Sosehr ich meine Heimat Deutschland liebe und mir darüber bewusst bin, dass ich hier sehr privilegiert und sicher lebe, so beobachte und fühle ich doch, dass Leichtigkeit, Fröhlichkeit, leben und leben lassen sowie die Kunst des Nichttuns sowie Genuss in anderen Ländern und Kulturen präsenter sind. In Deutschland spüre ich in der kollektiven Energie mehr Schwere, Anstrengung, Vergleich, Negativität und Bewertung. Und ich vermisse Freundlichkeit im Alltäglichen.

Jedenfalls ist es mir ab und zu schwergefallen, das Leben vollkommen zu genießen und Nichtstun nicht mit Faulsein zu verwechseln, wenn alle um mich herum durchs Leben hetzen und viel arbeiten. Auch heute erwische ich mich noch dabei, wie ich an einem freien Tag durch mein

Haus tigere, dort etwas aufräume, da etwas in Ordnung bringe und dann noch eine Kleinigkeit erledige – bis ich doch wieder den halben Tag in Aktion war. Dabei ist es so wertvoll und wichtig, diese absolute Chill-Zeit zu haben. Da fliegen mir die besten Ideen zu, da spüre ich mich mit Leichtigkeit, und ich erkenne plötzlich, was die nächsten Schritte für mich sind, ohne darüber nachzudenken.

Meine heutige Einladung an dich ist, wo auch immer du bist, den ersten Tag des Jahres einfach zu genießen und zu schauen, wie er sich für dich ganz entspannt entfaltet. Nimm dir dafür nichts Bestimmtes vor, sondern schau einfach, auf was du richtig Lust hast, und genieße es mit allen Sinnen. Und gönn dir auch mal Momente des süßen Nichtstuns.

Aus der Quelle schöpfen:
Die Weisheit der weiblichen Energie

Es darf leicht sein!

Dachtest du, es sei schwer? Nein, so war es nie vorgesehen. Du sollst es leicht haben dürfen.

Du brauchst dich nicht beschweren, denn Leichtigkeit ist eine ganz eigene Kraft, die stärker ist als die Schwere, auch wenn es erst nicht so scheint.

Nimm eine Feder, sie ist sanft und zerbrechlich, doch sie hat die Kraft, einen Vogel zu bewegen.

Nimm die Anstrengung raus. Nimm den Druck raus und lass zu, dass du abhebst – ohne den Halt zu verlieren.

Die Kunst des Nichtstuns

Es ist paradox, wie herausfordernd es sein kann, mal gar nichts zu tun. Einfach mal alles wegzulassen und nichts anzuhören oder anzuschauen, keine bestimmte Aktivität zu verfolgen und auch nicht den Gedanken nachzuhängen, sondern einfach nur im Moment zu sein. Zur Erinnerung: Was dir dabei helfen kann, ist dein Körpergefühl als Anker im Hier und Jetzt. Und kleine Schritte in diese Richtung, indem du Aktivitäten wählst, die dem Nichtstun schon sehr nahekommen und in die gemütliche Winterzeit passen wie die Lesezeit mit diesem Buch:

- Aus dem Fenster schauen und dabei das Lieblingsheißgetränk ganz bewusst genießen. Verliere dich im Augenblick, als hättest du endlos Zeit.
- Absichtslose Kuschelzeit mit deinen Liebsten, Haustieren oder mit dir selbst. Lass dich in den Moment fallen.
- Soundbäder: Lege dich rücklings auf den Boden, decke dich zu und höre über Kopfhörer spirituelle Musik. Wenn du bei Spotify zum Beispiel Soundbaths eingibst, kommen ein paar Ideen. Suche dir

die Musik aus, die dir zusagt (ohne Text). Du kannst auch nach Events in deiner Umgebung schauen.
- Yoga Nidra ausprobieren (eine Anleitung findest du auch auf meiner Homepage cacao-ritual.de).

Leichtigkeit des Seins

Es ist dieses wundervolle Gefühl, ganz prickelnd, wie ein unbeschwerter Sommertag, der so vor sich hin plätschert, wenn alles im Flow ist und sich so ergibt, als hätte es jemand geplant, der dir etwas Gutes tun möchte. Kennst du das? Und merkst du, dass du das Gefühl auch im Winter abrufen kannst? Leichtigkeit steckt in Pulverschnee, Ski- und Rodelspaß oder festlichen Momenten.

Um dir den Weg in die Leichtigkeit und Freude noch ein bisschen mehr zu öffnen, habe ich dir eine Meditation »Leichtigkeit und Freude in dir aktivieren« aufgenommen. Den QR-Code für den Download findest du auf Seite 259.

Das Geheimnis der Feder

Im Schweben sehe ich die Welt von oben und lasse mich vom Wind streicheln. Ich vertraue in meine Sanftheit als Stärke, und nichts kann mich aus dem Himmel reißen.

Ich schenke Wärme mit meiner Feinheit. An mir perlt alles ab, was mich beschweren könnte. Und wenn sich etwas eingenistet hat, schüttele ich mich.

Wenn mein Vogel stirbt, kehre ich zur Erde zurück und werde wieder eins mit ihr. Es macht mich nicht traurig, zu zerfallen, weil ich jeden Moment in der Luft genossen habe.

Ich habe Worte der Liebe in den Himmel geschrieben, damit sie auf die Erde fallen. Ich habe mit Gleichgesinnten als Federkleid getanzt.

Ich bin frei.

Lust und Sinnlichkeit

Deine Lust, deine sexuelle Energie und deine Sinnlichkeit können so viel mehr sein, als du bisher erfahren hast. Meine Erfahrung ist, es kann immer noch intensiver und kraftvoller und energiegeladener sein, je besser wir uns kennenlernen, je mehr wir uns hingeben, je tiefer wir vertrauen und auch je geduldiger wir sind. Manchmal kann es sein, dass Sex und Intimität als schnelle Entspannung gewählt wird, um Druck abzulassen. Oft spannen wir dabei auch die Yoni noch mehr an, als sie es eh schon durch unseren Stress ist, um an einem Punkt mit dem Orgasmus loszulassen. Das ist vollkommen okay, aber was wäre, wenn das längst nicht alles ist? Und wenn Lust, Sinnlichkeit und Orgasmus nicht auf die Intimität von zwei Menschen, die miteinander Sex haben, beschränkt sind?

Es ist furchtbar, welche Vorbilder es durch Pornografie gibt und dass Sexualität so sehr auf das Visuelle fokussiert wird und auf den Orgasmus als Befriedigung als ultimatives Ziel. Und Selbstbefriedigung als schambesetztes, notwendiges Übel, um irgendwie die Zeit bis zum nächsten gemeinsamen Akt zu überbrücken. Als wäre dies der kleine Sex. So kann niemals innere Fülle entstehen, so werden wir nie satt und befriedigt sein.

Dieses Thema rund um Lust, sexuelle Energie, Scham, Befreiung ist groß und ein eigenes Buch wert. Aber für jetzt biete ich dir zu diesem Bereich weitere Perspektiven an, wenn du magst:

- Du kannst eine sinnliche Erfahrung machen, und es unterstützt dich dabei, das Leben in Leichtigkeit und Freude zu erleben.
- Baue eine harmonische Beziehung zu deiner Yoni auf. Das geht auf mentale Weise, aber auch durch Berührungen.
- Sexuelle Energie ist eine starke Kraft. Sie erschafft Leben. Stell sie dir selbst zur Verfügung, indem du sie im ganzen Körper spürst, nicht allein in deiner Yoni und nicht nur, wenn du mit einem/r Partner/in zusammen bist. Spüre sie so oft es geht in deinem Schoßraum und drücke sie nicht weg. Du brauchst diese Energie, sie ist wertvoll.
- Lust braucht nicht immer eine Entladung. Du kannst sie spüren und als Energie in vielen Lebenslagen

einsetzen – vor allem, um dein Leben zu erschaffen. Diese Energie ist voller Leidenschaft und Kreativität.

- Wähle die Menschen, mit denen du Intimität teilst, weise aus. Möglicherweise tut es dir auch gut, erst einmal eine Weile nur deine eigene Sexualität zu erfahren. Es ist wichtig, die eigenen Bedürfnisse und Grenzen zu kennen und diese klar zu kommunizieren. Sorge dafür, dass du dich absolut sicher und verstanden fühlst, damit du dich hingeben kannst und eine schöne Erfahrung machst. Tue nie etwas als einen Gefallen, der dir aber eigentlich widerstrebt. In der Sexualität gibt es keine Bring- oder Holschuld bzw. Tauschgeschäfte. Alles, was dir und deinem Gegenüber gefällt, ist okay. Lass dich nicht einschränken. Du kannst jederzeit Ja oder Nein sagen – ohne Rechtfertigung.
- Falls du eine traumatische Erfahrung mit Sexualität gemacht hast (oder dich vage erinnerst) – und das kann manchmal auch eine falsche Berührung oder ein Miterleben von Missbrauch gewesen sein –, dann schenke dir selbst Mitgefühl und Würde. Lass dich auch unterstützen, damit diese Erfahrung ab jetzt nicht mehr dein Leben bestimmt. Gib ihr nicht diese Macht und versuche dich schrittweise in der Vergebung. Nicht, um das Geschehene zu entschuldigen und abzumildern. Auf keinen Fall! Es heißt nicht, dass Geschehenes okay war, es geht nur darum, dass du wieder zurück in deine Kraft kommst.

Dein Geschenk für den Alltag

Suche dir immer mal wieder bewusst kleine Momente, die dir Freude und dich aus dem gewohnten Trott bringen. Mach dir am besten deine eigene Liste, die du dann immer wieder hervorholen kannst, wenn du es brauchst. Hier ein paar Ideen:

- Mit guten Freundinnen über witzige Erinnerungen sprechen
- Kindisches tun: Seifenblasen pusten, seilspringen oder in Pfützen springen, rodeln
- Ein unterhaltsames Buch lesen
- Action wie Achterbahn fahren genießen
- Zu deinem Lieblingssong tanzen

DIE NEUNTE RAUHNACHT

2. JANUAR

Liebe zu dir selbst

Monat im kommenden Jahr: September
Fokus auf: Mitgefühl und Liebe für dich empfinden, Alleinsein lieben lernen
Tagesmotto: Ich bin an meiner Seite
Wiederkehrende Rituale: Wunsch verbrennen, (Traum-)Tagebuch, Orakelkarte ziehen, Räuchern
Impuls des Tages: Zeit mit dir selbst

Wir hören das Wort Selbstliebe mittlerweile überall. In der Werbung oder in vielen Zitaten, die auf Instagram gepostet werden, heißt es, dass es wichtig sei, sich selbst zu lieben. Aber was bedeutet das konkret? Und vor allem: Wie geht das?

Zuerst ist wichtig, zu verstehen, dass Selbstliebe nichts mit Egoismus oder übertriebener Ich-Bezogenheit zu tun hat, sondern eine sehr wichtige Fähigkeit ist, die auch eine der Grundvoraussetzungen ist, um das eigene Leben so zu erschaffen, dass es uns erfüllt. Es bedeutet, sich selbst zu akzeptieren, zu respektieren und zu lieben, unabhängig von Fehlern, Meinungen anderer und Unvollkommenheiten. Es geht darum, sich selbst mitfühlend und liebevoll zu behandeln und sich anzunehmen.

Das bildet die Basis zu einem harmonischen Leben mit anderen und hat wiederum positive Auswirkungen auf unser Umfeld.

Selbstliebe beinhaltet auch, dass wir uns um uns kümmern und unsere Bedürfnisse erfüllen, sowohl physisch als auch emotional. Es geht darum, sich selbst Raum zu geben, um zu wachsen. So, wie du es nun tust!

Das Geheimnis der Rose

Ich entfalte meine Schönheit, weil ich es liebe, mich zu zeigen. Nicht um anderen zu gefallen, aber sie lieben mich trotzdem. Meinen Duft, meine Anmut, meine Einzigartigkeit.

Nichts hält mich davon ab, zu blühen und meine Pracht zu zeigen, wenn ich möchte. Ich bin gehalten.

Ich betöre, aber ich weiß, dass ich Dornen habe. Niemand kann mich einfach so achtlos berühren. Niemand hat ein Recht auf meine Schönheit. Werde ich gepflückt, zerfalle ich.

Ich nähre mich aus der Kraft der Erde und strecke mich in den Himmel. Ohne Wasser verdurste ich, ohne Licht wachse ich nicht, weil ich keine Motivation hätte, dem Himmel näher zu kommen.

Ich spreche, wenn Herzen nicht sprechen, für sie eine stumme Botschaft der Liebe.

Ich bin empfindlich, möchte gepflegt und verehrt werden. Ich beuge mich nicht, weil ich weiß, das ist mein Verfall.

Ich weiß, dass ich komme, gehe, komme.

Der erste Schritt ist, den eigenen Wert zu erkennen und darauf eine harmonische Beziehung zu sich selbst aufzubauen. Wer sich selbst liebt, kann Grenzen setzen und an den passenden Stellen »Nein« sagen. Und damit achte ich meine eigenen Bedürfnisse. Es ist nicht relevant, ob diese Grenze anderen gefällt oder nicht, ob sie in irgendeinem Sinne gerechtfertigt ist. Nein! Rechtfertige dich niemals für deine Bedürfnisse und Grenzen! Es geht nur darum, dass du erkennst, was du brauchst, damit es dir gut geht. Dass du aus der Bedürftigkeit und Abhängigkeit aussteigst und dir erst einmal alles selbst geben kannst: Freude, Liebe und ein Zuhause. Dies ist eine unschätzbare hohe Qualität für dein Leben, denn wenn du erkennst: Alles ist in dir, und du kannst dir alles geben, was du brauchst, dann bist du frei. Frei zu wählen, für wen du arbeiten möchtest und mit wem du deine Zeit teilen magst. Frei zu entscheiden, was der Inhalt deines kostbaren Lebens ist.

Es lohnt sich so sehr, diese Beziehung zu leben. Denn durch Selbstliebe können wir unser Selbstwertgefühl stärken, unsere gesamten anderen Beziehungen verbessern und ein erfüllteres Leben führen. Es ist jedoch wichtig, zu betonen, dass Selbstliebe ein Prozess ist – wie auch eine Partnerschaft.

Möglicherweise kann es für den Weg zur Selbstliebe gut sein, auch mal allein zu sein. Alleinsein ist nicht als Mangel zu verstehen, sondern als eine tolle Fähigkeit. Ich habe meine Einsamkeit nur allein überwunden.

Besonders wichtig ist dabei auch, wie du mit dir selbst redest. Wenn wir uns selbst mal beobachten, was wir uns den ganzen Tag so an den Kopf werfen: Nun, mach mal schneller! Mist, das hast du auch nicht geschafft! Boah, siehst du fertig aus! Würden wir so mit einer Freundin reden? Eher nicht. Sage dir stattdessen immer wieder schöne, nette, motivierende Worte.

Es wäre hilfreich, wenn du deine ganz persönliche Selbstliebe-Praxis für dich findest und sie dann eine Weile bewusst übst. Falls sich verletzte Anteile von dir melden oder Gefühle wie Traurigkeit hochkommen, dann integriere sie. Nimm alles an und wandele es in Liebe. Dafür braucht es vielleicht noch Versöhnung und Akzeptanz. Tue es einfach, ohne so sehr viel nachzudenken. Nimm dir vor, in dir Einheit zu schaffen.

Du erkennst, ob du diese liebevolle Perspektive für dich eingenommen hast u. a. daran:

- **Authentizität:** Du erlaubst dir, so zu leben, wie es für dich stimmig ist und versteckst dich nicht, machst dich klein oder passt dich zu sehr an, um zu gefallen oder scheinbar dazuzugehören. Früher war es überlebenswichtig, zu einer Gruppe zu gehören. Heute nicht mehr! Es ist immer noch wichtig, die passenden Menschen um sich herum zu haben, aber du suchst sie bewusst aus.

- **Sprache:** Deine Worte passen zu deinen Handlungen. Du redest im Inneren gut mit dir und mit anderen auch gut über dich (oder andere). Du wählst weise Worte, die mit dir im Einklang sind, und trittst für dich und deine Wahrheit ein.
- **Respekt:** Du schätzt dich und andere. Du achtest auf deine Energie und Zeit. Du gönnst dir und anderen nur das Beste. Du kannst gesunde Grenzen setzen und diese gut kommunizieren.
- **Pflege:** Du kümmerst dich um deinen Körper (ohne Idealen entsprechen zu wollen) und hältst dein Umfeld ordentlich.
- **Körper:** Wenn du Sport machst, dann nicht, um deinen Körper zu »bestrafen«, weil du zu viel gegessen hast oder zu viel gesessen bist, sondern aus Liebe zu deinem Körper und Spaß an der Bewegung. Dabei achtest du deine Grenzen.
- **Ent-täubung:** Du lebst bewusst, indem du deiner Wahrnehmung traust und dich nicht verunsichern lässt. Du betäubst dich nicht selbst durch Drogen oder maßlosen Konsum usw.
- **Entscheidungen:** Du triffst bewusste, nachhaltige und heilsame Entscheidungen im Einklang mit deiner Intuition und inneren Weisheit. Du achtest dabei dich und dein Umfeld (dazu gehören auch die Umwelt und die Tiere). So entscheidest du dich automatisch für die besseren Alternativen.
- **Verantwortung:** Du übernimmst Verantwortung für dein Leben und die Welt, in der du lebst.

- **Bedingungslose Liebe:** Du weißt, dass Liebe keinen Preis und keine Bedingung hat. Du begibst dich in keine Abhängigkeiten. Du verlässt toxische und manipulative Umfelder.
- **Güte und Mitgefühl:** Du schaust mit Augen der Liebe (auf dich), und du erlaubst dir, auch Fehler zu machen, und stehst für diese ein.

Diese Liste könnte ich noch weiter ausführen, oder füge du einfach die Punkte hinzu, die dir jetzt noch einfallen. Wie ändern sich dein Verhalten und deine Perspektive, wenn du dich bedingungslos liebst und annimmst? Wenn du deine Bedürfnisse mehr vor die der anderen Erwachsenen setzt? Wenn du dich achtest?

Interessant ist auch, dass wir an diesen Punkten erkennen, wer mit sich selbst schon ein Stück im Reinen ist und dies nach außen strahlt. Das ist für mich auch gelebte Spiritualität und weibliche Weisheit. Wie gesagt: Es geht nicht um Perfektionismus, Selbstzentriertheit und übertriebene Fürsorge für sich, aber um ein gelassenes Ja zu sich selbst, um das eigene Potenzial auszuschöpfen und so der Bestimmung zu folgen. Das bedeutet nicht immer, dass wir etwas Neues erfinden oder einen neuen Job suchen. Einen Leuchtturm und Orientierung durch unser Sein zu bieten reicht schon. Und das kannst du in allen Tätigkeiten.

Wenn du noch weitergehen magst und dieses Gefühl der Selbstliebe in Handlungen bringen möchtest, dann probiere immer mal wieder Folgendes aus:

- **Plane ein schönes Erlebnis mit dir selbst:** ins Café gehen, um dann ein Buch zu lesen. Und bleib dabei mit dir in Verbindung. Genieße den Augenblick und die Freiheit, genau das zu tun, was dir guttut – ohne Kompromisse. Falls es dir schwerfällt, allein auszugehen, dann fang damit an, dass du dir selbst einen Wellness-Moment schenkst: ein Schaumbad oder eine Massage.
- **Investiere in dich:** Überlege, was du immer schon einmal ausprobieren wolltest, und gönn dir diese Bereicherung: Buche den Kurs, der dich schon lange anspricht. Bilde dich weiter. Reise, wohin dich dein Herz zieht.
- **Verwöhne dich selbst:** Bereite dir beispielsweise mit ganz viel Liebe zu, was du am allerliebsten isst, und nimm dir etwas mehr Zeit als sonst fürs hübsche Anrichten. Dann iss an einem schönen Ort und genieße deine eigene Gesellschaft ohne Ablenkung.
- **Post an dich:** Schreibe dir die Worte, die du immer schon hören wolltest, auf eine hübsche Karte und schicke sie an dich ab. Dann kannst du das Geschriebene noch einmal mit etwas Abstand lesen.

Es ist so, dass wir jeden Tag für uns aufstehen dürfen und uns selbst das Gefühl geben sollten, dass wir geliebt, gesehen, unterstützt werden und sicher sind. Warte nicht darauf, dass jemand anderes dir all das gibt. Es wird nicht passieren. Und wenn ja, ist es nicht von Dauer. Zur

Erinnerung: Du bist der Mensch in deinem Leben, der mit dir durch alle Phasen des Lebens geht, bis zum Ende. Das bedeutet nicht, dass du immer allein sein wirst, wenn du es nicht möchtest, natürlich nicht. Aber es nimmt viel Druck und Erwartungen raus, wenn du jeden Tag dafür sorgst, dass du gut genährt bist auf allen Ebenen und dass du dir das Leben nicht schwerer machst, weil du dich in Gedanken verstrickst. Dich sorgst, wo es keine Gefahr gibt. Dich selbst abwertest.

Ich möchte dir ein einfaches Beispiel geben, dass diese Liebe dich sehr nährt. Ich dachte immer, ich habe keine schönen Haare, weil viele Friseure voller Mitleid meine Haare in der Hand hielten und sagten: »Boah, du hast ja blöde Haare, so dünn, und sie kräuseln sich.« Ihr Maßstab war das Ideal, dass man lange, volle Haare haben soll als Frau. Ich glaubte den Unsinn, und siehe da: Meine Haare wurden immer dünner und stumpfer. Seit ich sie aber liebe, wachsen sie wieder voller. Und ich fühle mich wohl mit ihnen, auch wenn ich keine Mähne habe. Ich bin mit den Haaren auf die Welt gekommen, die zu mir passen. Und seitdem sagt mein Friseur: »Christine, was hast du mit deinen Haaren gemacht? Sie sind voller und so schön.« Hatten sich meine Haare verändert oder eher ich mich?

Aus der Quelle schöpfen:
Die Weisheit der weiblichen Energie

Liebe dich selbst

In dir ist das Universum. In jeder deiner Zellen schwingt die Erinnerung an die Schönheit und an die Liebe in dir.

Erinnere dich, wer du bist, wenn du niemand zu sein hast. Fühle, dass du dich schon lange nach dieser inneren Berührung sehnst, an das Gefühl, vollkommen gesehen, aufgehoben und angenommen zu sein. Du bist zu Hause. Hier ist dein Ort, an dem du sein kannst. In Sicherheit.

Komm zurück zu der Version von dir, mit der du ins Leben gekommen bist. Es gibt nichts zu beweisen. Du hast ein Recht darauf, vollkommen glücklich zu sein. Vollkommen geliebt.

Alles, was du im Außen gesucht hast, war schon immer in dir. Du warst nicht falsch, nie verloren, nie getrennt. Komm und tanke auf. Fühle dich willkommen und ruhe dich von der Anstrengung aus, von dem Gefühl, dir die Liebe immer wieder erkämpfen und verdienen zu müssen. Bei diesem Kampf kann niemand gewinnen. Zeig mühelos, was in dir ist, und du hast schon gewonnen.

Bleib bei dir

Wenn ich auf mein Leben bis hierher zurückschaue, habe ich nicht immer gut für mich gesorgt, aber dennoch gut genug. Ich habe mir alle Umwege verziehen. Vor allem, wie oft ich mich in Beziehungen und Arbeitsumfeldern verloren habe, um geliebt und anerkannt zu werden. Es war es nie wert.

Aber nun bleibe ich jeden Tag dran und kümmere mich um mich, um meine mentale und körperliche Gesundheit. Das ist eine wichtige und ernst zu nehmende Aufgabe, die ich aber nicht akribisch, sondern mit Leichtigkeit und gern tue. Ich investiere in meine Weisheit und in meine Freude am Leben.

Wenn ich zurückblicke, stelle ich aber auch oft fest, dass vieles einfacher und leichter war, als ich es davor dachte. Und dass die guten Dinge wie automatisch in mein Leben flogen, wenn ich einfach mal lockerließ, in mir auch mal nichts als Leere war, die sich dann füllen durfte. Es ist diese Mischung aus Vertrauen und Dranbleiben, die uns eine gute Basis verschafft. Und das, was mit Selbstliebe gemeint ist, ist quasi die Sonne, die auf unsere Saat und unser Wesen scheint. Jeden Tag.

Dein Geschenk für den Alltag

Wie immer ist es hilfreich, zu Beginn der Veränderung kleine Rituale zu etablieren, damit du das Umdenken und das Handeln für dich jeden Tag übst, damit es irgendwann eine Selbstverständlichkeit wie Schlafen wird. Einfacher wird es, wenn du diese bewussten Rituale mit Alltagsroutinen verknüpfst. Also wirst du dafür auch Zeit haben. Etabliere einen kleinen Moment der (täglichen) Selbstliebe. Er kann wenige Augenblicke dauern, aber bitte versuche, sie jeden Tag mehr zu fühlen, bis das Gefühl immer präsent ist. Ein paar Ideen sind:

- Vor dem Schlafengehen und nach dem Aufwachen: Lege eine Hand auf dein Herz und sage: »Ich liebe dich.« Nicht vergessen: Fühle es dabei.
- Immer wenn du in den Spiegel schaust, schaue auch bewusst in deine Augen und sage dir (möglichst laut): »(Dein Name), ich liebe dich!«[8]
- Schreibe dir auf kleine Zettel, was du dir heute Gutes tun möchtest (Dehnübungen, mit Musik entspannen, lesen), und ziehe jeden Tag einen Zettel, wenn du dein erstes Getränk genießt.

DIE ZEHNTE RAUHNACHT

3. JANUAR

Im eigenen Rhythmus flowen

Monat im kommenden Jahr: Oktober
Fokus auf: Deine Entfaltung und Flexibilität, zyklisch leben
Tagesmotto: Ich bin frei
Wiederkehrende Rituale: Wunsch verbrennen, (Traum-)Tagebuch, Orakelkarte ziehen, Räuchern
Impulse des Tages: Mein perfekter Tag, Achtsamkeitstagebuch für deinen Zyklus, intuitives Tanzen

Vielleicht konntest du schon in den vergangenen Tagen erleben, was es bedeutet, im eigenen Rhythmus zu leben. Und wie angenehm das sein kann. Ich nenne das immer »flowen«, von Moment zu Moment schauen, was nun dran ist. Sicherlich ist es einfacher, wenn nicht zu viele Termine anstehen, aber es ist dennoch nicht unmöglich, auch im Alltag mehr nach dem eigenen Rhythmus zu leben.

Ich brauchte etwas Zeit, um dies in meinem Leben zuzulassen, nicht zu viel zu planen und mir auch zu erlauben, Pläne zu verwerfen oder spontaner zu sein. Auch das habe ich auf meinen Reisen gelernt. Mich mit einer meiner Freundinnen auf Island zu verabreden ist so gut wie unmöglich, weil sie dann sagt: »Lass uns schauen, wohin der Flow geht.« Das bedeutet so viel, dass wir uns beide die Freiheit lassen, zu schauen, wann wir uns sehen. Und es hat immer spontan geklappt und fühlte sich nach wahrhaft intensiv verbrachter Zeit an. Ich treffe mich lieber seltener, aber dann richtig. Dann weiß ich, dass beide Zeit und Aufmerksamkeit haben. Dann höre ich zu und teile, was mich beschäftigt und umgekehrt. Es ist klar, dass man nicht alles offenlassen kann und bestimmte Termine und Verpflichtungen anstehen, aber wir können uns dennoch ein wenig mehr Flexibilität erlauben, wo immer es geht.

Mein perfekter Tag

Stell dir vor, dass du alle Freiheiten und keine Verpflichtungen hättest, wie würdest du deinen perfekten Tag gestalten? Wann stehst du auf? Wann nimmst du dir Zeit für Bewegung, wann für Pausen? Wann arbeitest du was genau? Wann verbringst du wie Zeit mit Freund:innen oder der Familie? Wann isst du? Wann gehst du ins Bett? Wenn du alles genau aufgeschrieben hast, schaue noch einmal aus der Vogelperspektive darauf, als würdest du einer Freundin einen Tipp geben wollen. Was fällt dir dann auf? Was könntest du sofort verändern, was langfristig? Und welche Schritte sind dafür nötig?

Raus aus der Müdigkeit

Ein Grund, warum Erschöpfung und Überforderung ein Thema für uns sein können, ist der Dauerstress, der auch durch permanente Anpassung entstehen kann. Die klassische Arbeitswelt ist in der Regel so strukturiert, dass davon ausgegangen wird, dass wir linear immer in einer bestimmten Zeit funktionieren, meist zwischen 9 und 17 Uhr. Das zeigt, dass unsere klassische Arbeitswelt immer noch eher auf dem männlichen Prinzip aufgebaut ist. Dabei haben wir alle aus verschiedenen Gründen einen unterschiedlichen Biorhythmus, der sich je nach Lebenslage auch ändert. Wir alle kennen Menschen, die morgens superfit sind und abends auf dem Sofa einschlafen, oder eben diejenigen, die bis 11 Uhr nicht ansprechbar, aber dann bis zwei Uhr nachts aktiv sind.

Es ist wunderbar zu sehen, dass es mittlerweile durch Homeoffice-Optionen und flexiblere Arbeitszeiten mehr Gestaltungsspielraum, auch für Familien, gibt. Falls das nicht so sein sollte für dich, aber du es dir wünschst, möchte ich dich motivieren zu schauen, wie noch mehr Raum entstehen könnte, damit sich die Arbeit oder auch Freizeit mehr deinen Bedürfnissen anpasst und nicht umgekehrt. Für manche ist ein geregelter Rahmen hingegen besser als komplette Freiheit.

Es ist schon viel gewonnen, wenn wir unser Leben nicht starr in Arbeit und Freizeit einteilen, uns nur am Wochenende erholen oder sogar nur im Urlaub. Schaffe dir Räume und kleine Inseln sowie mehr Flexibilität.

Denn nichts gibt uns mehr Kraft und Halt, als in unserem eigenen Rhythmus zu leben und nicht dagegenzuhalten, indem wir uns immer weiter pushen, wenn eigentlich Entschleunigung angesagt ist. Deswegen ist es so wichtig, unsere eigenen Bedürfnisse zu fühlen, zu äußern und nach Möglichkeit zu leben. Sicher ist das nicht immer möglich, wenn wir Verantwortung für andere tragen aber häufiger möglich, als wir denken.

Zyklisch leben

Besonders wir Frauen haben eher einen zyklischen Flow, der unser Energielevel beeinflusst. Sich das genauer anzuschauen kann entlasten, damit wir erst gar nicht die Erwartung aufbauen, immer gleich fit zu sein.

Der weibliche Zyklus ist aber mehr als nur ein biologischer Prozess. Es ist eine bewusste Reise, die Frauen mit ihrer inneren Natur verbindet und ihnen ermöglicht, ihr Sein zu erfahren. Vielen Frauen ist ihre Periode eher lästig und mit Schmerzen verbunden. So ging es mir auch lange. Bis ich diese Zeit lieben lernte und merkte: Je mehr ich mich dann um mich kümmere, desto sanfter verläuft sie. Und mein Zyklus ist oft auch ein Spiegel, wie sehr ich den Rest des Monats für mich da war. Habe ich Schmerzen oder bin sehr launisch, dann weiß ich, dass sich besonders viel Stress entlädt und ich nicht schon vorher ein Ventil dafür gelassen habe. Außerdem ist es die beste Phase im Monat, um bewusst zu detoxen.

Warum hat mir das niemand zuvor gezeigt und genau erklärt? Wir lernen, wie wir Zähne putzen. Aber auf den Körper zu hören und alle Signale bewusst wahrzunehmen, das bekommen wir in den klassischen Systemen nicht automatisch beigebracht. Niemand hat mir zum Beispiel in der Schule erklärt, wie ich meinen Körper verstehen und lesen lerne. Wie ich erkennen kann, in welcher Phase des Zyklus ich bin und welche Auswirkungen das auf mich hat. Und vor allem, wie ich danach leben kann.

DEINE ZYKLUSPHASEN

1. Die erste Phase (die Zeit der Monatsblutung) ist eine Zeit der physischen Reinigung, in der die Gebärmutter die nicht benötigte Schleimhaut abstößt. Diese Phase wird oft mit Ruhe, Rückzug und Innenschau in Verbindung gebracht. Es ist eine Zeit, in der du dir bewusst Zeit für dich selbst nehmen kannst, um auf Bedürfnisse und Gefühle zu achten. Du bist dann in deinem inneren Winter.

2. Follikelphase, auch bekannt als die prä-ovulatorische Phase oder der Frühling: Nun reift in den Eierstöcken ein Ei heran. Es ist eine Zeit des Aufbruchs, des Aufblühens und der Kreativität. Du fühlst dich vielleicht energiegeladen und hast das Bedürfnis, aktiv zu sein, Pläne und Ideen in die Tat umzusetzen.

3. Die Ovulation ist der Höhepunkt der Fruchtbarkeit, wenn das reife Ei aus dem Eierstock in den Eileiter wandert. Diese Phase wird oft mit Sinnlichkeit, Empfängnisbereitschaft und intensiven Gefühlen in Verbindung gebracht. Frauen können in dieser Zeit ein starkes Bedürfnis nach Nähe, Intimität und Austausch verspüren. Nun bist du in deinem Sommer.

4. Die Lutealphase ist die letzte Phase des Zyklus vor der Menstruation, in der der Körper sich auf das Loslassen vorbereitet, wenn das Ei nicht befruchtet wird. Frauen können in dieser Phase ein verstärktes Bedürfnis nach Selbstfürsorge, Essen und Ruhe verspüren. Willkommen in deinem Herbst!

Eine bewusste Herangehensweise an den weiblichen Zyklus bedeutet, sich mit den eigenen körperlichen, emotionalen und energetischen Veränderungen in den verschiedenen Phasen vertraut zu machen und ihnen mit Achtsamkeit zu begegnen. Es bedeutet auch, den eigenen Bedürfnissen in den verschiedenen Phasen des Zyklus bewusst Raum zu geben und ihnen zu folgen. Dies kann beinhalten, Zeiten der Ruhe und des Rückzugs während der Menstruation einzuplanen, kreativ und aktiv in der prä-ovulatorischen Phase zu sein, sich in der Ovulationsphase auf Sinnlichkeit und Intimität zu konzentrieren und in der Lutealphase für Selbstfürsorge und Entscheidungsfindung Raum zu schaffen.

Ich empfehle dir: Führe ein Achtsamkeitstagebuch für mindestens eine Zyklusphase, gern noch länger. Du kannst jederzeit anfangen, aber besonders gut eignet sich der Beginn deiner Monatsblutung, weil du dann ganz sicher weißt, wo du gerade im Zyklus bist. Notiere dabei, wie du dich fühlst, wie dein Energielevel ist und was dich bewegt. Du bekommst so ein Gespür für dich, deinen Körper und deine Energie während eines Zyklus. Du findest dann Erklärungen dafür, warum du vielleicht sensibler oder energiegeladener bist – je nach Tag in deinem Zyklus. Außerdem kannst du nach Möglichkeit auch Aktivitäten und Aufgaben nach dem Zyklus planen. Wann brauchst du mehr Rückzug? Wann mehr Bewegung? Ich habe für mich zum Beispiel herausgefunden, wann ich in der Regel Energiehochs habe, und fokussiere mich dann da auf meine wichtigen Projekte. Ich habe das Vertrauen gefunden, dass ich dann viel erledige, und kann mich so auch besser Phasen hingeben, an denen ich mich weniger kraftvoll fühle.

Und wenn du magst, schaue auch mal: Wie stehen die Mondphasen dazu? Es ist interessant zu beobachten, dass wir oft während des Vollmonds oder Neumonds menstruieren und dann ein neuer Zyklus startet. Das kann dir deine Verbindung zur Welt und den ewigen Kreisläufen noch einmal genauer verdeutlichen.

Aus der Quelle schöpfen:
Die Weisheit der weiblichen Energie

Lebe deinen Flow!

Wenn du erkennst, dass du ein zyklisches Wesen bist, kannst du noch tiefer in dein Sein eintauchen. Die durchgetaktete Welt hält dich davon ab, zu flowen. Das bedeutet, dass sich deine Energie natürlich verteilt und du nicht mehr funktionierst, sondern gestaltest. Du erschaffst dich und dein Leben.

Schneide dich nicht mehr selbst von deiner Kraft ab und schöpfe tiefes Vertrauen, dass du die Schöpfung selbst bist.

Öffne deine Perspektive und deinen Raum, in dem du die Gestalterin bist.

Fürchte dich nicht vor der Vergänglichkeit, sondern nutze den Zyklus, um immer wieder aufzustehen. Nichts ist je verloren, alles erneuert sich. Und jede Phase hält ein Geschenk für dich bereit.

Die Schöpferkraft der Gebärmutter

Unsere Gebärmutter ist mehr als ein Ort, wo ein Kind entstehen kann – und für den Rest der Zeit die Regelblutung passiert. Die Gebärmutter verbindet uns auch mit dem Zyklus des Lebens, unserer Schöpferkraft sowie mit allen Frauen vor und nach uns (das geht auch, wenn die Gebärmutter als Organ nicht mehr vorhanden sein sollte und während der Menopause). Mit der Energie, die mit der Weisheit unseres Körpers ein Kind erschafft, kreierst du aber auch alles andere, was du magst. Du kannst deine eigene Mutter sein, die Mutter deiner inneren Kinder, die Mutter deiner Projekte, die Mutter für Menschen in Not, die Mutter für die Erde und alle Kinder. Deswegen ist es so wichtig, mit der Energie verbunden zu sein und auch den Bereich von energetischen Altlasten und Erinnerungen zu befreien.

Die Gebärmutter ist ein Auffangbecken für vieles, was wir übernehmen oder was wir Erlebtes in uns tragen. Der Schmerzkörper ist ein interessanter Begriff, der von Eckhart Tolle geprägt wurde und in seinem Buch »Jetzt! Die Kraft der Gegenwart« ausführlich behandelt wird.[9] Gemeint ist damit ein innerer Schmerz, der aus vergangenen Erfahrungen und Verletzungen entsteht und sich in Form von emotionalen Reaktionen und (immer wiederkehrenden) Verhaltensmustern äußern kann.

Laut Tolle ist der Schmerzkörper ein energetisches Feld, das in uns existiert und sich aus negativen Emotionen wie Wut, Traurigkeit, Angst und Scham speist. Wenn wir uns diesen Emotionen hingeben und ihnen erlauben, uns zu kontrollieren, verstärken wir den Schmerzkörper und halten ihn am Leben. Dann identifizieren wir uns komplett damit, obwohl wir niemals der Schmerz sind.

Tolle betont jedoch auch, dass es möglich ist, den Schmerzkörper zu transzendieren, indem man sich bewusst von seinen negativen Emotionen distanziert (ohne sie wegzudrücken) und stattdessen im Moment präsent bleibt. Indem wir uns auf die Gegenwart konzentrieren und uns nicht von unseren vergangenen Verletzungen und Emotionen kontrollieren lassen, können wir den Schmerzkörper auflösen und uns von negativen Verhaltensmustern befreien. Dann steht uns die gestaute Energie wieder zur Verfügung und wird in Form von Liebe und Freude viel leichter.

Wisse: Die Gegenwart ist immer mächtiger als die Vergangenheit, und die Zukunft haben wir mit in der Hand! Du kannst dich entscheiden, den Weltschmerz, Glaubenssätze und auch das Leid nicht zu tragen. Es endet mit dir, wenn du magst. Dazu gehört, dich immer wieder mit dir selbst zu verbinden und deine Emotionen zu wandeln, indem du ihnen Raum gibst und dich dann bewusst entscheidest, sie zu transformieren. Für diesen Weg gibt es mittlerweile viele Methoden von Somatic Experiencing bis hin zu Aufstellungen oder auch spezielle Rituale für die Verbindung zur Gebärmutter. Finde deinen Weg, den du irgendwann für dich selbst laufend anwenden kannst, wenn die Zeit reif ist.

Vielleicht möchtest du erst einmal entspannt mit einem intuitiven Tanz in verschiedenen Rhythmen starten? Du kannst davor und danach bewusst mit deinem Unterbauch aufnehmen, indem du eine Hand dorthin legst und drei tiefe Atemzüge nimmst. Spüre dabei jeweils, was du fühlst. Wenn du magst, kannst du auch noch einmal räuchern.

Intuitives Tanzen nach fünf Rhythmen

Der Fünf-Rhythmen-Tanz ist eine dynamische Tanzpraxis, die von Gabrielle Roth entwickelt wurde. Es handelt sich um eine Bewegungsmeditation, die eine Verbindung zwischen Körper, Geist und Seele herstellt und dabei unterstützt, innerlich und äußerlich in Bewegung zu kommen. Der Tanz basiert auf fünf Rhythmen, die verschiedene energetische Zustände repräsentieren:

1. Flowing (Fließend): Ein sanfter, fließender Rhythmus, der die Weichheit und Kontinuität der Bewegung verkörpert.
2. Staccato (Stakkato): Ein kraftvoller Rhythmus, der klare und präzise Bewegungen betont.
3. Chaos (Chaos): Ein wilder und improvisierter Rhythmus, der es Tänzern ermöglicht, sich von Kontrolle und Mustern zu lösen.

4. Lyrical (Lyrisch): Ein leichter und melodischer Rhythmus, der die kreative Ausdruckskraft und emotionale Tiefe hervorhebt.
5. Stillness (Stille): Ein meditativer Rhythmus, der zur Ruhe und inneren Einkehr einlädt.

Du bewegst dich durch diese verschiedenen Rhythmen, wobei du dein Inneres ausdrückst und den Körper sich so bewegen lässt, wie er das gerade möchte – auf intuitive und authentische Weise. Bewege auch dein Becken und deine Hüften. Schau mal, wie sich kreisende Bewegungen anfühlen. Bleibe nicht die ganze Zeit stehen, sondern bewege auch deine Füße. Es gibt keine festgelegten Schritte oder Choreografien. Der Tanz kann sowohl allein (mit Anleitungen auf Youtube oder Playlisten auf Spotify von Gabrielle Roth) als auch in der Gruppe bei geführten Tanzeinheiten, die es in vielen größeren Städten gibt, getanzt werden.

Irgendwann wirst du dich aufgeräumter und leichter fühlen – und dann gar nicht erst so viel angestaute Energie bei dir behalten. Wichtig ist, dass du den Körper und vor allem auch den unteren Bauchraum spürst, intuitiv bewegst, wann immer sich Energie staut, und laufend mit einer empathischen und neugierigen Haltung dir selbst gegenüber erforschst, woher die Traurigkeit oder Angst in der Tiefe kommt. Welche Glaubenssätze sind damit verbunden? Bist du bereit zu vergeben, es aus einer anderen Perspektive zu sehen oder dich zu entscheiden, dass du dich mehr liebst? Und dann beginne, die Schöpferkraft in dir bewusst für das anzuwenden, was du im Leben erschaffen möchtest. Mehr dazu erfährst du auch morgen.

Dein Geschenk für den Alltag

Um dich bewusster mit dem Kreislauf des Jahres zu verbinden, kannst du dir die Jahreskreisfeste in den Kalender eintragen. Schau mal, wie du die Aspekte in dein Leben übertragen und mit Ritualen, die du während der Rauhnächte besonders gut fandest, verknüpfen kannst.

Imbolc (auch Candlemas oder Lichtmess) am 2. Februar: Feier des beginnenden Frühlings und des Wachstums. Aspekte: Innere Ausrichtung auf deine Ziele, Klarheit finden und Energie aktivieren.

Ostara (Frühjahrs-Tagundnachtgleiche) um den 21. März: Feier des Gleichgewichts von Tag und Nacht, des Frühlingsbeginns und der Wiedergeburt der Natur. Aspekte: Aufbruch und Aufblühen.

Beltane am 1. Mai: Feier des Frühlings und der Fruchtbarkeit, oft mit Tanz, Feuerfesten und Blumenkränzen. Aspekte: Freude, Liebe und Leichtigkeit leben.

Litha (Sommersonnenwende) am 21. Juni: Feier des längsten Tages des Jahres, der Sonne und des Überflusses. Aspekte: Gesellschaft, innerer Reichtum und Genuss.

Lammas (auch Lughnasadh) am 1. August: Feier der Erntezeit und des Dankes für die Gaben der Natur. Aspekte: Dankbarkeit und Wertschätzung.

Mabon (Herbst-Tagundnachtgleiche) um den 21. September: Feier des Gleichgewichts von Tag und Nacht, des Erntedanks und des Übergangs in den Herbst. Aspekte: Vorbereitung auf innere Einkehr und das Loslassen.

Samhain (Halloween) am 31. Oktober/1. November: Feier des Übergangs vom Herbst zum Winter, des Gedenkens an die Verstorbenen und der Ahnenverehrung. Aspekte: Verbindung mit den Ahnen und Vergänglichkeit, Ängste anschauen.

Yule (Wintersonnenwende) um den 21. Dezember: Feier der längsten Nacht des Jahres, der Wiedergeburt der Sonne und der Hoffnung auf neues Leben. Aspekte: Übergang und Transformation.

DIE ELFTE RAUHNACHT

4. JANUAR

Deine Energie aktivieren

Monat im kommenden Jahr: November
Fokus auf: Mehr Energie für dich
Tagesmotto: Ich bin bereit
Wiederkehrende Rituale: Wunsch verbrennen, (Traum-)Tagebuch, Orakelkarte ziehen, Räuchern
Impulse des Tages: Deine Energie spüren, zehn Schritte aus der Scham, männliche und weibliche Energie vereinen

Wir haben gestern schon erfahren: Wir sollten nicht erwarten, dass unsere Energie immer gleich hoch ist. Es ist einfach so, dass wir manchmal erschöpft sind und dann wieder Bäume ausreißen könnten. Müdigkeit sollte allerdings kein Dauerzustand sein. Wenn ja, lohnt es sich, genauer nach der Ursache zu forschen und zu schauen, was dir dauerhaft Energie nimmt.

Das können auf der mentalen Ebene kreisende Gedanken sein, oder dass wir energetisch zu viel von anderen tragen, Daueraktionismus oder Dauerkonflikte. Dabei sind es oft nicht die oberflächlichen Dinge, sondern das, was eigentlich darunter liegt. Was belastet und beschwert dich wirklich?

Ich werde oft gefragt, was man gegen Stress tun kann. Natürlich könnte ich sagen: Meditieren! Sport! Oder andere Anti-Stress-Übungen empfehlen. Aber das kann auch nur ein Pflaster auf der Oberfläche sein. Um den Stress im Leben nachhaltig loszuwerden, gibt es keine pauschale Antwort, außer: Finde heraus, woher der Stress in deinem Leben kommt! Was ist die Ursache? Welchen Stress machst du dir selbst? Dabei kannst du dir auch Unterstützung holen. Unsere Lebensenergie hat einen entscheidenden Einfluss auf unsere Lebensqualität. Deswegen lohnt es sich sehr, dort genauer hinzuschauen.

Erkenne zunächst einmal, was dir Energie schenkt, damit du gezielt einen Ausgleich schaffen kannst. Mach dir heute eine ehrliche Liste mit allem, was dir Energie nimmt und was dir Energie gibt – so hast du eine Orientierung. Du erkennst es daran, wie du dich fühlst: ausgelaugt, verspannt, müde, gestresst oder in Leichtigkeit und Freude. Was darf ich reduzieren, vermeiden oder gar ganz aufgeben? Was mache ich, wenn ich Energie brauche?

Deine Energie spüren

Den Körper können wir leicht wahrnehmen. Auch der Geist lässt sich greifen. Doch was ist mit Energie? Wir spüren sie, wenn sie in Bewegung ist. Wenn du jetzt deine Handflächen aneinanderreibst, entsteht Wärme. Ein Zeichen dafür, dass Energie fließt. Wenn du noch einen Schritt weiter gehen magst, dann halte deine Handflächen parallel zueinander und spüre die Energie dazwischen. Es kann sich auch magnetisch anfühlen. Forme deine Hände um diese Energie zu einem Ball und spüre.

Was dich auflädt

Wenn wir allgemein mehr Energie haben möchten, dann ist die Voraussetzung auch hier eine gute Beziehung und ein ständiger Austausch mit unserem Körper. Oft sind es auch beim Thema Energie Gewohnheiten, die wir zu heilsameren Routinen umwandeln können. Und auch hier kommt niemand von außen auf uns zu und sagt, was es zu tun gilt. Wir dürfen es Stück für Stück mit spielerischer Leichtigkeit selbst herausfinden. Also, schau doch mal, was du noch nicht kennst und was du gern mal ausprobieren oder verändern möchtest. Energie kann entstehen durch:

- Tätigkeiten neben deiner Arbeit, die dir Freude bringen (Bewegung, Ehrenamt, Gemüse im Garten anbauen u. a.)
- Sich mit (positiven, fröhlichen) Menschen umgeben und gemeinsam Quality Time verbringen

- Einen Hund oder eine Katze als Haustier haben
- Bewegung an der frischen Luft, die dir Freude bringt
- Energetische Bewegungslehren wie Qi Gong
- Immer mal wieder im Alltag tanzen, ausschütteln, singen
- Hochwertige, lebendige und nicht belastende bzw. belastete Nahrung (vor allem pflanzlich). Zu viel Kaffee, Alkohol, Zucker, Weißmehlprodukte und Fertiggerichte können Energieräuber sein. Deine (Darm-) Gesundheit und Versorgung mit Nährstoffen, Eisen etc. kann auch eine Rolle beim Energiehaushalt spielen (lass dich dazu ärztlich beraten).
- Kalt abduschen oder Eisbaden in freien Gewässern (falls es der Kreislauf und die Gesundheit zulassen)
- Bewusste Zeit in der Natur verbringen
- Erholsame Schlafroutine
- Harmonische Beziehungen und achtsame Berührungen
- Kreativer Ausdruck
- Tageslicht anstatt Bildschirmlicht: Versuche, direkt nach dem Aufstehen natürliches Licht auf deine Haut zu bekommen, indem du bestenfalls nach draußen in die Sonne gehst oder sonst auch wie jetzt im Winter Tageslichtlampen oder Infrarotlampen nutzt.
- Was bringt dir noch Energie? Antworte selbst spontan!

Das Geheimnis der Schlange

Niemand kann mich bändigen. Ich fürchte mich nicht. Mein Feuer erlischt nie. Der Kontakt mit der Erde bewegt mich mühelos. Ich bin immer verbunden. Es ist mir egal, ob ich gefürchtet bin. Wer meine Energie halten kann, bekommt meine Liebe und Sanftheit zu spüren. Die anderen schrecke ich ab.

Nicht alle können mich halten. Aber ich würde niemals dieses freie und leichte Gefühl aufgeben, dieses konstante Vibrieren der Energie in mir. Ich bin reiner Körper, immer in Bewegung. Wer mich versucht zu kontrollieren oder zu unterdrücken, hat schon verloren.

Ich würde niemals mich selbst aufgeben, nur weil ich jemandem zu viel bin, weil jemand meine Energie nicht verstehen und halten kann. Voller Stolz hebe ich meinen Kopf und zeige meine Zunge, die für diejenigen zwiespältig erscheint, die mich nicht verstehen können: meine Entscheidung, meine Energie nicht zu opfern, um geliebt zu werden. Dann bin ich lieber gefürchtet.

Befreie deine Energie

Was auch immer verhindert, dass deine Energie frei fließen kann, finde es heraus. Was hält dich auf und beschwert dich? Ängste und Traurigkeit können wir oft leichter fühlen als Emotionen, die noch mehr in der Tiefe liegen. Viele Frauen finden dort Scham, weil sie so oft beschämt wurden und es gar nicht (mehr) spüren, weil es so tief verdrängt lagert.

Es unterstützt dich, Scham und ein diffuses Schuldgefühl aus den Tiefen hervorzuholen und zu wandeln, damit dir die Energie wieder zur Verfügung steht.

Zehn Schritte: Dein Umgang mit Scham

1. Selbstreflexion: Versuche zu verstehen, warum und wann du Scham empfindest. Was löst das Gefühl konkret in dir aus?
2. Akzeptanz: Scham ist eine natürliche Emotion (neben Wut, Traurigkeit und Angst), und sei sicher, dass jede sie erlebt. Verurteile dich nicht selbst dafür, dass du schamhaft bist oder beschämt wurdest. Es ist nie eine Frage der Schuld.
3. Selbstliebe und Selbstakzeptanz: Versuche jeden Tag, dich selbst so anzunehmen, wie du bist, mit all

deinen Fehlern und Unvollkommenheiten. Erlaube dir selbst, menschlich anstatt perfekt zu sein.

4. Reduziere negative Selbstgespräche: Achte auf deine inneren Dialoge und stoppe sofort deine Gedanken, wenn du dich selbst schlechtredest. Ersetze sie durch positive und unterstützende Worte. Du kannst dir in Bezug auf das Thema nicht oft genug sagen, dass du rein, geliebt und absolut genau richtig bist, wie du bist.
5. Teile dein Inneres: Scham kann sich verstärken, wenn du sie für dich behältst. Suche Unterstützung bei vertrauten Freundinnen oder einer Therapeutin oder Coachin, um deine Gefühle auszudrücken. Und um in die Vergebung zu gehen. Vergib dir selbst.
6. Kannst du es anders sehen? Hinterfrage deine Gedanken und Überzeugungen, die zur Scham beitragen. Erkenne, dass diese nicht immer objektiv ist, und versuche, alternative Sichtweisen zu entwickeln.
7. Lerne aus deinen Erfahrungen: Schau auf vergangene Situationen, die Scham ausgelöst haben, als Lernmöglichkeiten. Finde heraus, was du gelernt hast, und verwende dieses Wissen, um ab sofort anders damit umzugehen.
8. Hab Geduld mit dir: Das Überwinden von Scham ist ein Prozess, der Zeit brauchen kann. Feiere deine Fortschritte, egal wie klein sie sind.

9. Erinnere dich: Auch schwere Wege dürfen leicht sein.
10. Gehe voran: Lass nicht zu, dass du oder andere Frauen beschämt werden. Nimm diese Haltung für dich und andere ein – und handele danach.

Aus der Quelle schöpfen:
Die Weisheit der weiblichen Energie

Lass deine Energie frei!

Spüre es in dir, das Leben und die Lebendigkeit. Die Energie will frei sein und kreisen, sie möchte dich bewegen, damit dein Leben ein Tanz ist.

Befreie dich aus der Erstarrung, werde weich und beweglich. In den Wellen stecken Leichtigkeit und Freude. Sie überspülen alle Hindernisse.

Die Energie schlängelt sich deine Wirbelsäule hoch, sie richtet dich auf und macht dich flexibel, damit du mit Veränderungen fließen kannst.

Habe keine Angst, dass die Energie dich überwältigt oder mitreißt. Sie ist stark. Du bist stark. Du steuerst deine Energie in deinem Flow.

Sie ist grenzenlos.

Die Harmonie in uns

Wir haben sehr viel über die weibliche Energie und das Frausein gesprochen – und dass der Weg eher nicht von außen nach innen geht, sondern von innen nach außen. Das bedeutet: Wenn wir Harmonie in Beziehungen anstreben, dann dürfen wir erst einmal schauen, wie wir zu uns selbst stehen und wie bzw. ob unsere weibliche und männliche Energie miteinander verbunden und im Ausgleich sind. Hier kommen ein paar Fragen zur Reflexion:

- Die rechte Körperhälfte steht eher für die männliche Energie und die linke für die weibliche. Wo fühlst du dich mehr hingezogen? Fühlt sich eine Seite präsenter an?
- Was ist typisch für dich: eher Aktions- oder eher Seinsmodus?
- Entscheidest du intuitiv oder eher mit dem Verstand?
- Fühlst oder denkst du mehr?
- Welche Qualitäten möchtest du noch mehr in dein Leben integrieren und bewusster leben?

Anschließend kannst du auch einen Schritt weitergehen und mit beiden Seiten einen Dialog beginnen, indem du intuitiv aufschreibst, was die weibliche Energie dir sagen möchte und was die männliche, und frage auch, wie du beide miteinander vereinen kannst. Ein Beispiel hierfür wäre: Du hast superviele Ideen, aber setzt keine davon um. Dabei geht es darum, dich zu zeigen und die Macherinnenenergie in dir zu wecken, damit deine Ideen befruchtet und geboren werden.

Eine etwas fortgeschrittenere Variante wäre: Du kannst dir zwei Stühle in den Raum stellen und bestimmen, dass sie die beiden Seiten in dir repräsentieren. Wähle auch einen Platz für eine neutrale Perspektive und ein Symbol für die Einheit der beiden. Dann setze dich auf jeweils einen der Stühle und nimm wahr, wie du dich auf den einzelnen Positionen fühlst (zuerst nur mit der einen Seite) und dann in Beziehung zu der anderen. Notiere dir deine Erkenntnisse und gib beiden Seiten Raum, sich zu entfalten und miteinander in Verbindung zu sein. Du kannst auch einen Dialog starten. Möglicherweise kommen auch Themen aus alten Beziehungen oder aus der Beziehung zu deinen Eltern hoch. Setze dich am Ende auf die neutrale Position und schaue dir das Ganze von da aus an. Notiere dir deine Erkenntnisse und schaue am Ende auch auf das Symbol für Einheit. Was braucht es noch, dass du in dir Einheit findest?

Ein Weg, die energetische Einheit von weiblicher und männlicher Energie auf natürliche Weise in dir zu fühlen und zu verbinden, führt über deine sexuelle Energie, die du durch deine Lust öffnest (siehe auch Seite 196). Also, gib ihr Raum in deinem Leben, auch in deinem Alltag. Sie muss sich dafür nicht in einem Orgasmus entladen (ob du nun mit jemand anderem Sex hast oder mit dir selbst). In jedem Fall unterstützt es dich, wenn du die Energie im ganzen Körper frei fühlst, dich damit selbst aktivierst und die Energie zum Manifestieren und Umsetzen einsetzt.

Dein Geschenk für den Alltag

Richte dir einen Kraftplatz in deinem Zuhause ein. Suche dir einen Ort, an dem du dich besonders wohlfühlst und jederzeit sein kannst. Deswegen sollte dieser Ort permanent sein und nicht nach Bedarf erst aufgebaut werden. Hier tankst du auf. Es kann einfach ein gemütlicher Sessel mit Blick ins Grüne sein. Oder vielleicht bleibt deine Rauhnachts-Ecke erhalten? Oder hast du Platz für ein Atelier bzw. könntest einen Raum für deine Kunst mieten? Wie wäre es mit einem Bereich für Bewegung?

DIE ZWÖLFTE RAUHNACHT

5. JANUAR

Weibliche Weisheit verankern

Monat im kommenden Jahr: Dezember
Fokus auf: Deinen erfüllten und bewussten Alltag
Tagesmotto: Ich erlaube mir, anders zu sein
Wiederkehrende Rituale: Wunsch verbrennen, (Traum-)Tagebuch, Orakelkarte ziehen, Räuchern
Impulse des Tages: Schutzübung, Rituale und Erinnerungen für den Alltag

So schön! Wir sind in der letzten Rauhnacht angekommen und gleiten von hier ganz leicht in den Alltag hinüber. Lass nicht zu, dass dich nun stressige Gedanken überrollen: Oje, nun geht alles wieder los! Wähle wie immer eine neue Perspektive und entscheide dich, dass es anders sein darf: Ja, die Welt wird wieder lauter und aktiver. Aber ich kann jede Welle mit Leichtigkeit nehmen. Und wenn nicht, dann weiß ich, wie ich wieder auf das Surfboard komme.

Das Geheimnis der Schildkröte

Mit dem Strom zu schwimmen bedeutet für mich, frei zu sein. Weil ich vertraue, dass ich ankomme, auch wenn ich das Ziel nie sehe. Ich lasse mich von der Strömung nach Hause bringen, weil ich weiß, dass das Wasser für mich sorgt. Die Wellen sind überall und auf meiner Seite. Sie haben mich am Anfang offen und liebend in ihre unendliche Weite aufgenommen, und sie spülen mich am Ende an Land.

An Land bin ich langsam, im Wasser bin ich schnell, und doch bin ich überall dieselbe.

Ich kann mich in mich zurückziehen, ich vertraue auf meinen Schutz. Meine Stärke ist mein innerer Frieden.

Aber nichts hält mich je davon ab, mich immer wieder in die Wellen ziehen zu lassen. Es ist mein Element, dem ich am meisten vertraue.

Immer weiter, immer weiter. Ich komme an.

Und genauso wird es Momente der Überforderung geben. Unsere Welt kann sich chaotisch zeigen, und Halt können wir nur in uns selbst finden. Es ist wichtig, sich jeden Tag bewusst über den Körper zu verankern, wie wir es in den Rauhnächten geübt haben. Wenn wir tief verankert sind und unseren Platz in der Welt einnehmen, dann können wir Veränderungen mit mehr Vertrauen, Hoffnung und Leichtigkeit nehmen und sehen darin keine Bedrohung, sondern eine Chance.

Die Kunst ist, da standhaft zu bleiben, auch wenn uns jeden Tag andere Dinge im Alltag gezeigt werden, wenn wir mit negativen Nachrichten geflutet werden, wenn Menschen uns gegenüber übergriffig sind. Bleib bei dir, lass dich nicht verführen, in die kollektive Angst einzusteigen. Du darfst und du solltest Freude und Leichtigkeit fühlen, denn das macht es auch für andere automatisch leichter. Es ist nicht egoistisch!

Ja, wir sind alle verbunden und Teil des Ganzen. Es gibt keine Trennung. Aber: Du darfst dich auch bewusst abgrenzen und schützen, wenn es erforderlich ist. Wir brauchen nicht immer offen und im Empfangsmodus (obwohl das generell ein wichtiger Zustand ist, damit Geben und Nehmen im Einklang sind) sein. In einem vollen Zug oder Flugzeug zum Beispiel schirme ich mich ab, damit ich nicht so viel fühle oder sich andere Empfindungen in meine Wahrnehmung mischen. Schon allein, wenn du dir das vornimmst, wird sich etwas ändern – und wenn du den Kontakt zu deinem Körper nicht verlierst.

Wenn du das Bedürfnis hast, dich zurückzuziehen und einfach nur in deinem Schutzraum zu sein, bei dir und deinen Liebsten, ist das auch okay. Doch das Zuhause ist immer bei dir, und es ist auch wichtig, immer wieder raus in die Welt zu gehen, sich immer wieder einzulassen. Es ist ein Wechselspiel aus bewusstem Rückzug und dann in der Welt wirken und sein.

Schutzübung

Nimm zuerst über die Füße Kontakt zum Boden auf, spüre die Verbindung. Lege eine Hand auf deinen Unterbauch und atme tief sowie entspannt durch deinen Bauch. Wenn du dich sicher und verbunden fühlst, dann sage dir im Inneren, dass du geschützt bist und dass du unterscheiden und entscheiden kannst, was dich berührt und was zu dir gehört. Und spüre auch, dass du immer begleitet und beschützt bist. Stelle dir einen energetischen Filter um dich herum vor, der dich nicht abtrennt. Vertraue, dass dein weises inneres System für dich filtert und du immer in eine beobachtende und geerdete Haltung gehen kannst, um dir alles genau anzuschauen und weise zu entscheiden, wie du damit umgehst.

Monotasking anstatt Multitasking

Lange haben wir uns mit dieser weiblichen Stärke einen Selbstwert gegeben: Multitasking. Aber es ist Zeit, sich zu fokussieren und das männliche Prinzip zu aktivieren.

Multitasking ist manchmal notwendig, aber wenn es sich vermeiden lässt, dann sorgen wir für unseren Energiehaushalt und auch dafür, dass wir einzelne Tätigkeiten mit mehr Bewusstheit und Tiefe tun. Das braucht zu Beginn vielleicht etwas Disziplin und Struktur, damit wir nicht von einem zum anderen springen, und während wir das eine tun, tun wir ganz automatisch immer auch andere Dinge. Manchmal kann es gut sein, Tätigkeiten zu verbinden: telefonieren und dabei spazieren gehen oder aufräumen. Aber wenn es um die wichtigen Dinge geht, dann brauchen wir den Fokus und die Klarheit.

Ich habe mir zum Beispiel jede Woche Zeit wie einen Termin geblockt, zu der ich mich bestimmten Themen in meinem Leben widmen möchte, etwa: Raum für neue Ideen und deren Umsetzung. Bewusste Zeit mit meinen Freund:innen oder eben ein Date mit mir. Und dazu gehören auch Themen wie Finanzen. Indem ich mir aber ein Date mit meinem Geld schenke, nehme ich automatisch eine positive Perspektive ein und überweise Rechnungen mit einem dankbaren Gefühl für das, was ich als Leistung erhalten habe. Eine Struktur ist genauso wichtig wie unser Körper in der Meditation als Gefäß oder ein bestimmter Rahmen bei einer Zeremonie. Dies schafft Freiheit, Fokus und vermeidet das Gefühl von: Ich schaffe das alles nicht, es ist zu viel.

Bewusste Rituale im Alltag verankern

Was uns ebenso unterstützen kann, damit wir nicht haltlos durch den Tag stolpern, sind bewusste Rituale, die uns unterstützen, von einer Tätigkeit zur anderen zu wechseln, uns neu zu fokussieren, Kraft zu tanken oder uns einfach etwas Gutes zu tun. Besonders populär geworden ist ein bewusster Start in den Tag, um vor allem anderen erst einmal bei sich selbst anzukommen. Das bedeutet, dass wir noch alle technischen Geräte ausgeschaltet lassen und erst einmal nur unsere eigenen Programme hochfahren. Ob du nun meditierst, joggst, Tagebuch schreibst oder einen grünen Smoothie trinkst, bleibt dir überlassen. Und denke nicht, dass das Programm stundenlang dauern muss, du kannst es ganz einfach und kurz halten. Ein Beispiel für eine halbe Stunde könnte sein: bewusste innere Ausrichtung mit drei Atemzügen, einen grünen Tee in der Sonne trinken, den Körper dehnen, fünf Minuten frei Gedanken aufschreiben, kalt-warm duschen und dann mit einer Trockenbürste den ganzen Körper aktivieren. Und vielleicht reicht dir auch eine dieser Sequenzen für den Morgen? Oder du nimmst dir vor, jeden Morgen das Leben zu feiern, indem du mit deiner Familie zu einem Lieblingssong tanzt. Schau gern, welches Bedürfnis du hast und wie du es im Alltag durch ein bewusstes Ritual verankern möchtest.

Was ich immer empfehle, ist, einen bewussten Übergang zum Feierabend zu schaffen, falls du relativ geregelte Arbeitszeiten hast. Sehr einfach ist, die Kleidung gleich zu wechseln und mit den einzelnen Teilen allen Stress gefühlt mit abzustreifen. Stell dir vor, wie du dann frisch und ohne noch lange über Arbeitssorgen zu grübeln in deine Freizeitkleidung wechselst.

Wunderbar eignen sich auch Warte- oder Reisezeiten, um den Atem zu beobachten und den Körper zu spüren. Versuche, nicht alle »leeren Zeiten« mit dem Smartphone zu verbringen, sondern nimm diese wunderbaren Auszeiten, um mit dir in Kontakt zu kommen, dich zu fühlen.

Aus der Quelle schöpfen:
Die Weisheit der weiblichen Energie

Alles ist in dir

Erinnere dich, wer du in der Tiefe deines Seins bist.

Verwurzelte Kraft.
Voller Schöpferkraft.
Ein Herz aus Gold.
Einsicht durch die inneren Augen

Alles ist da.
Worauf wartest du?

Hingabe an das Leben

Vieles, was wir während der Rauhnächte gemeinsam erlebt und gelernt haben, führt zu einem weiblichen Prinzip: der Hingabe an das Leben. Es hört sich im ersten Moment so ein bisschen nach Aufgabe und Passivität an. Das ist es aber gerade nicht. Wenn wir uns dem Leben hingeben, übernehmen wir Verantwortung und wissen, was wir steuern können und was nicht. Wir lassen das Leben in der ganzen Fülle zu und erlauben uns auch, dass das Leben uns erfüllen darf. Wir sind in tiefer Verbundenheit mit allem, voller Leidenschaft und Dankbarkeit für unser Sein, und wir gehen diese intensive Liebesbeziehung mit der Kraft ein, die auch uns erschaffen hat. Ich bekomme Gänsehaut, wenn ich in dieses wunderschöne Gefühl, lebendig zu sein, eintauche.

Und zur Hingabe gehört auch, dass wir Veränderungen vertrauen und aktiv daran mitwirken, indem wir uns immer wieder neu mit unserem ganzen Sein anpassen, ohne uns zu verbiegen. Dann erleben wir das Chaos nicht mehr als den Sog, der uns verschluckt, sondern als Chance, zu wachsen.

Dabei möchte ich dir noch ganz handfeste Impulse zurufen, die auch zu einem verbundenen Frausein und weiblicher Energie dazugehören:

- Kümmere dich um deine Finanzen und Versicherungen – überlasse dies nicht allein deinem Partner (das gilt auch für Technik und Handwerken) oder Berater. Es gibt mittlerweile ganz viele Ressourcen, wie du dich weiterbilden kannst und dafür sorgst, dass du finanziell abgesichert und unabhängig bist. Geld ist auch Energie, und Sicherheit ist ein wichtiges Grundgefühl. Lass das Thema Steuern, Finanzen, Versicherungen, Altersvorsorge nicht als schwarzes Loch oder gar Bedrohung für dich erscheinen, sondern informiere dich Schritt für Schritt (zunächst etwa über die Verbraucherzentralen), um dann zu handeln. Setz dich für deine Gehaltserhöhung ein. Mit Geld können wir etwas in der Welt bewegen, und noch haben wir Frauen tendenziell weniger als Männer.

- Mit wem möchtest du wie dauerhaft wo leben? Sorge dafür, dass du in einem für dich schönen Zuhause lebst, damit du ein entspanntes und sicheres Umfeld hast und einen Anker, wo du dich immer wieder neu ausrichten kannst.
- Mache immer wieder bei dir einen Check-in: Wie geht es dir? Was brauchst du? Was willst du?
- Triff bewusste und nachhaltige Entscheidungen bei deinem Konsum: Alles, was du zu dir nimmst und auf den Körper schmierst oder trägst, kommt in dein System. Frage dich, woher die Dinge kommen, wie sie produziert und transportiert werden, inwiefern die Umwelt belastet wurde und ob du sie wirklich brauchst. Du kannst auch schauen, ob du mit deinen Kaufentscheidungen Frauen und ihre Unternehmen unterstützt.
- Schütze und bewahre die Umwelt und Tiere, wo es dir möglich ist.

- Entscheide, mit wem du deine kostbare Zeit und Energie teilen möchtest: Für wen möchtest du arbeiten? Wer sind deine Freund:innen und Bezugspersonen? Mach dich und deine Stärken sichtbar und verkaufe dich nie unter Wert. Lass dich nicht respektlos behandeln. Sondern suche die Beziehungen, in denen du dich sicher entfalten und wachsen kannst.
- Setze dich für deine Rechte und die Rechte von Kindern und Frauen in deinem Umfeld ein.

Integration

Ich kann mir vorstellen, dass die Zeit der Rauhnächte für dich intensiv war. Bitte erwarte nicht, dass die kleinen oder großen Veränderungen, die in deinem Inneren passiert sind, gleich dein ganzes Leben verändern. Und vielleicht ruckelt es auch hier und da beim Transfer in den Alltag. Ich möchte dich nur ermutigen, dranzubleiben. Auch wenn man Motivation nicht coachen kann, weil es dein freier Wille ist, möchte ich dir zurufen: Sei dir sicher, dass etwas passiert, das dir beweist, dass es sich nachhaltig für dich lohnt, tiefer und genauer hinzuschauen – und die Pause zwischen zwei Atemzügen wahrzunehmen. Und nimm dir gern auch etwas Magie aus dieser zauberhaften Zeit mit, was auch immer das für dich bedeutet.

Deine Erinnerungen für den Alltag

- Ich bleibe im Vertrauen und optimistisch. Ich kann nicht alles kontrollieren.
- Ich lasse mich immer wieder ein.
- Ich höre nicht auf zu fühlen.
- Ich bewahre Ruhe im Chaos.
- Ich brauche nichts tun, um geliebt zu werden.
- Ich wähle weise.
- Ich manifestiere mein Leben und bin dabei mit mir und meiner inneren Weisheit verbunden (nicht mit dem Ego).
- Ich bin geerdet und spüre den Raum der Möglichkeiten.
- Meine männliche und meine weibliche Seite sind harmonisch verbunden.
- Ich bin mit meinem Körper verbunden und sorge für meine Energie.
- Ich vergebe.
- Ich genieße jeden Augenblick.
- Ich bin unendlich geliebt. Ich wähle Liebe anstatt Angst.

- Ergänze die Liste gern mit deinen persönlichen Affirmationen:

  - ______________________________
  - ______________________________
  - ______________________________
  - ______________________________

Dein persönlicher Erfahrungsschatz

Was war eine besonders schöne Erkenntnis für dich?

____

Was war eine Herausforderung?

____

Welches Thema möchtest du gern noch genauer betrachten?

____

Was möchtest du als Ritual in dein Leben integrieren?

Was würdest du während der Rauhnächte beim nächsten Mal genau so wieder und was anders machen?

Wovon möchtest du mehr in deinem Leben?

Wovon möchtest du weniger in deinem Leben?

Was möchtest du in diesem Jahr ins Leben bringen?

Nachwort

Voller weiblicher Kraft *durchstarten*

Herzlichen Glückwunsch, du bist bei dir und in der Welt angekommen! Ich hoffe, du hattest eine wunderbare Reise mit deinen Erlebnissen und Erkenntnissen, die du mit in dein Leben nimmst. Die Reise durch die Rauhnächte endet, und eine neue beginnt im Alltag. Mit allen unseren wunderbaren Learnings geht es nun darum, das Lernfeld des Lebens von der neuen Basis aus zu surfen. Viel Freude dabei!

Sich auf das Leben einzulassen ist eine wundervolle Liebesbeziehung: Verbindungen und Verbundenheit in der Tiefe spüren, Eigenverantwortung übernehmen, erfüllendes Wachstum und das Leben im Moment genießen. Mit deinem fühlenden Herzen, deiner Intuition und der Weisheit deines Körpers kannst du nicht verlieren.

Es ist wundervoll, wenn du als Vorbild vorangehst und Bereicherndes in die Welt bringst. Und es bedeutet nicht, dass wir jeden Tag die Welt retten müssen. Dein bewusstes Sein ist schon genug. Du bist genug.

Und niemand ist dabei ausgeschlossen, vor allem nicht die männliche Energie. Wir brauchen beides, in Harmonie und auf Augenhöhe und mit heilsamen Absichten. In allen Wesen.

Wir gehen gemeinsam.

Deine Christine

Wenn du magst, können wir in Kontakt bleiben.
Über Instagram: @christinedohler
Alle Infos findest du auch auf: www.christinedohler.de

Danksagung

In meinem Leben haben mich sehr viele Frauen gesehen, unterstützt und bestärkt. Sie haben mich mit ihrer Weisheit beschenkt, und manchmal konnte ich erst Jahre später verstehen, was mit ihren Worten, Blicken und Taten gemeint war. Ich bin dafür unendlich dankbar und versuche, dieses Gefühl jeden Tag mit anderen Frauen zu teilen: durch einen ermutigenden Blick, Liebe in jeder Handlung, bestärkendes Mitgefühl und weise Worte.

Ich danke meiner Mutter, durch deren Körper ich in diese Welt kommen durfte. Meinen Schwestern, die so anders als ich sind, aber in der Tiefe genau gleich. Ich danke meiner Oma, dass sie mich bis heute nicht verlassen hat, obwohl sie gestorben ist. Ich schreibe jedes Buch von ihrem Schreibtisch aus. Auch in dem Wissen, dass ich das Privileg habe, freier zu leben als du, und dass du deine Einsamkeit am Ende in ein friedvolles und verbundenes Sein umgewandelt hast. Auch in deiner letzten Nacht, als du in Stille gegangen bist, warst du nicht allein.

Meinen einzigartigen Freundinnen, die ich wie Schwestern liebe. Ihr seid mein sicheres Band in dieser Welt.

Damit dieses Buch entstehen konnte, waren weitere Frauen involviert, allen voran meine wunderbare Lektorin Stella Christiansen im Goldmann-Verlag.

Vielen Dank!

Meditationen als Download-Option

Die Meditationen aus diesem Buch findest du zum Anhören online und als Gratis-Download-Option auf dieser Seite: www.penguin.de/dohler-frauen

- Meditation »In die Ruhe finden«
- Meditation »Deine Urkraft und dein Urvertrauen entdecken«
- Meditation »Leichtigkeit und Freude in dir aktivieren«

Literaturempfehlungen und weitere Tipps

ZUM THEMA RUHE:

- Saundra Dalton-Smith über die verschiedenen Arten der Ruhe und Erholung in »Sacred Rest. Recover Your Life, Renew Your Energy, Restore Your Sanity«, FaithWords 2017.

ZUM THEMA ENERGIE:

- Doris Eller-Berndl und Eva Komarek: »Der Energie-Code. Mit dem richtigen Lebensrhythmus zurück zur inneren Stärke«, Kneipp 2021.

ZUM THEMA BEWUSSTHEIT, TRANSFORMATION UND GEGENWÄRTIGKEIT:

- Eckhart Tolle: »Jetzt! Die Kraft der Gegenwart«, Kamphausen Media 2010.
- Eckhart Tolle: »Eine neue Erde. Bewusstseinssprung anstatt Selbstzerstörung«, Arkana 2015.

ZUM THEMA FRAUENKÖRPER:

- Christiane Northrup: »Frauenkörper – Frauenweisheit: Wie Frauen ihre ursprüngliche Fähigkeit zur Selbstheilung wiederentdecken können«, ZS 2017.

MAGISCHE GESCHICHTEN ÜBERS FRAUSEIN:

- Clarissa Pinkola Estés: »Die Wolfsfrau. Die Kraft der weiblichen Urinstinkte«, Heyne 1997.

ÜBER DIE KUNST DES RÄUCHERNS:

- Adolfine Nitschke: »Heilsames Räuchern mit Wildpflanzen«, Goldmann 2021.

MÖGLICHE BEZUGSQUELLEN:

- Räucherbündel aus heimischen Kräutern: Kruut, kruut.de
- Räucherbündel und Tees: Youmoon, mein Favorit bei den Tees: Pink Moon und Inner Truth, youmoon.de

- Die Räucherstäbchen von Shoyeido aus Japan zählen zu den besten und hochwertigsten Räucherstäbchen. Mein Favorit: Joy. Der Geruch bleibt nicht so stark in Haaren und Kleidung haften.

Anmerkungen

1 Die Taschenbuchausgabe heißt: »Wo geht's denn hier zu mir?« (Scorpio, 2021)
2 Kamphausen 2010, S. 195ff
3 Alle Infos und weitere Kontakte zum Thema Depressionen über deutsche-depressionshilfe.de
Immer (anonym und kostenfrei) erreichbar ist die Telefonseelsorge: 0800 / 111 0 111 , 0800 / 111 0 222 oder 116 123, per Mail und Chat über online.telefonseelsorge.de
4 Goldmann, 2021
5 Podcast: The Chase Jarvis LIVE Show. Elizabeth Gilbert: The Art of Being Yourself, 2019
6 »Sacred Rest. Recover Your Life, Renew Your Energy, Restore Your Sanity« (FaithWords, 2017)
7 Um dies in der Tiefe zu verinnerlichen, hat mir das Buch »Ein Kurs in Wundern« von Helen Schucman (Greuthof, 2021) sehr geholfen. Das Buch ist sehr anspruchsvoll und sollte am besten mit anderen zusammen gelesen werden, um darüber zu diskutieren.
8 Diese Übung ist inspiriert von Louise Hay.
9 S. 197ff.

Register

Unsere Leseempfehlung

224 Seiten
Auch als E-Book
erhältlich

Rituale sind so alt wie die Menschheit und begleiten uns auch heute noch täglich. Sie stärken uns und geben Halt – gerade in einer Zeit, in der sich das Leben immer mehr beschleunigt und viele Menschen sich von den klassischen Weltreligionen lösen. Christine Dohler hat auf der ganzen Welt an den unterschiedlichsten Ritualen teilgenommen und zeigt, weshalb uns eine Morgenroutine gut in den Tag starten lässt und wie wir mit kleinen Ritualen auch an einem stressigen Arbeitstag das innere Gefühl von Zufriedenheit bewahren. So können wir die Kraft der Rituale für uns nutzen und sie zu einem Teil unseres Lebens machen.

goldmann-verlag.de

GOLDMANN